九州の味とともに

福岡

七番山笠 西流 店屋町
七番山笠 西流 冷泉町二区
七番山笠 西流 奈良屋町一区
西流 冷泉四区
七番山笠 西流
七番山笠 西流
西流 冷泉三区

四番山笠大黒流
一竹好風光

はじめに

九州の味とともに

海、山、川……。自然が豊富で
古くから諸外国とも交流があった九州は
その自然や歴史から生まれた
数多くの郷土料理が存在する
食文化の宝庫です。

過去から現在、そして未来へ。
大切に守り伝えられてきた各地の味を再発見し、
その多彩な魅力を多くの人たちに伝えたい。
そんな想いを込めて、九州の食文化を紹介していく
ガイドブックを作ることにしました。

人と風土の醸すもの。
私たちは、これからも、いつまでも
九州の味とともに歩んでいきます。

霧島酒造株式会社

福岡エリアマップ

北九州 [Kitakyushu]

**福岡県第二の都市・北九州市を中心に
工業とともに農業も盛んなエリア**

本州と関門《かんもん》海峡を挟んだ九州の玄関口に位置する北九州市を中心に広がるエリア。明治34年に官営八幡《やはた》製鉄所が操業を開始したことから始まる北九州工業地帯は日本の四大工業地帯とも呼ばれ、工業が盛んだが、『合馬《おうま》のたけのこ』が有名な北九州市小倉《こくら》南区をはじめ農業も盛んだ。中心地・小倉のシンボルである小倉城の藩主に由来する『ぬか炊き』は独特の食文化。工場で働く男たちの憩いの場であった『角《かく》打《う》ち』は北九州発祥で各地に広まった。

筑豊 [Chikuho]

**日本のエネルギーを支えていたエリア
炭鉱マンたちが残した味を今に伝える**

県央に位置し、中心都市は筑豊三都とも呼ばれる直方《のおがた》市、田川《たがわ》市、飯塚《いいづか》市。明治時代から昭和時代中期にいたるまで、石炭産業が栄えた。現在は歴史遺産を守りながら新しい街づくりが行なわれている。日本三代修験道のひとつである霊峰・英彦山《ひこさん》がそびえるエリアとしても知られる。炭鉱マンたちが愛した『田川ホルモン鍋』は今も続く郷土料理。また、炭鉱マンたちが仕事の疲れを癒すために甘い物を好んだことから、饅頭などいくつもの銘菓が生まれている。

福岡 [Fukuoka]

**博多雑煮、ごまさば、水炊き……、
多彩な郷土料理が生まれた商人の街**

九州一の大都市・福岡市を擁し、福岡県の人口の半数以上がこの地域に暮らす。古くから大陸の玄関口として栄え、玄界灘《げんかいなだ》や対馬《つしま》などで獲れる新鮮な魚介類に加え、各地の農作物も集まる福岡市は、全国的に見ても飲食店の数が多い〝食の都〟としても知られている。商人文化から生まれた料理、豊かな海の幸が育んだ料理、そして戦後の屋台文化から始まった料理など、福岡エリアの郷土料理はまさに百花繚乱だ。

筑後 [Chikugo]

**川、山、海に抱かれた豊かな自然
農業が盛んな福岡県南部エリア**

筑後川《ちくごがわ》・矢部川《やべがわ》、耳納連山《みのうれんざん》、有明海《ありあけかい》と豊かな自然に恵まれたエリア。世界遺産に登録された大牟田《おおむた》市の三池炭鉱と三池港、柳川《やながわ》市の川下り、うきは市の白壁通りや温泉、八女《やめ》市の古い街並みなど観光資源も多い。広大で肥沃な筑紫平野での米・麦をはじめ、果実やお茶など農業が盛んだ。郷土料理としては筑後地方最大の街・久留米《くるめ》市の『久留米ラーメン』と『焼鳥』、柳川市の『鰻のせいろ蒸し』がよく知られている。

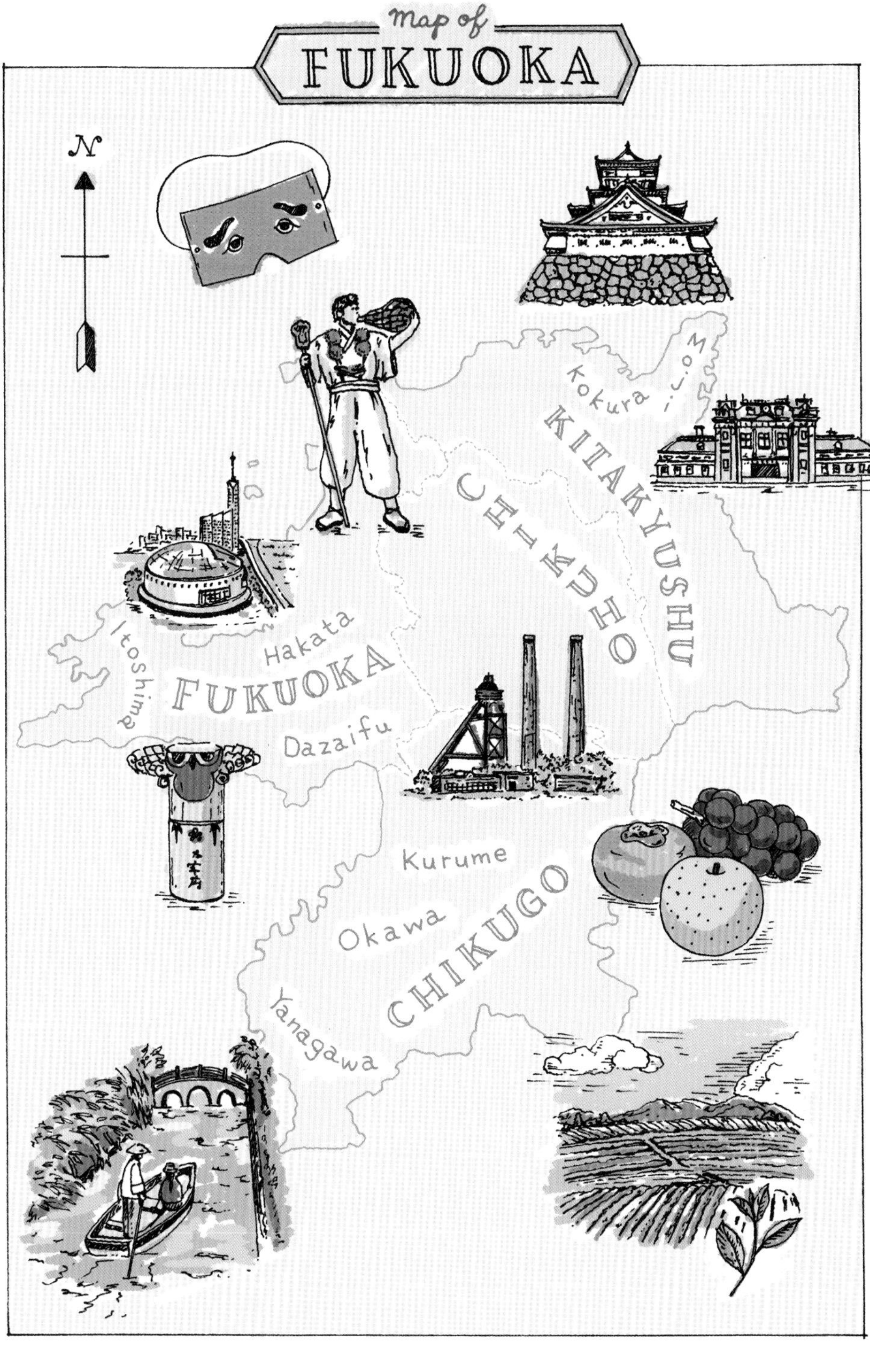
Map of
FUKUOKA
N
Kokura
Moji
KITAKYUSHU
CHIKUHO
Hakata
Itoshima
FUKUOKA
Dazaifu
Kurume
Okawa
CHIKUGO
Yanagawa

CONTENTS

目次

九州の味とともに

福岡

CONTENTS

CONTENTS

奉納

建設予定地
1000円

福岡市内の中心部を流れる那珂川《なかがわ》を遊覧船でのんびり巡るのも一興。夜は街の灯りとネオンサインが水面に揺れる

春、北九州市の合馬地区に小さな花が咲く頃、『合馬のたけのこ』は旬を迎える

掘り出されたばかりの瑞々しい『合馬のたけのこ』。1980年代前半から全国的に知られるようになり、1985年に「合馬観光たけのこ園」がオープンした

SOUL
FOODS
01

Kitakyushu
City

合馬のたけのこ

粘土質の赤土と清らかな水が育てるエグミが少なくやわらかいたけのこ

福岡県北部、北九州市小倉南区合馬《おうま》地区には竹林が広がっている。この地で育ったたけのこが全国的にも知られている『合馬のたけのこ』。種類は一般的な孟宗竹だが、粘土質の赤土という土壌と、土壌が濾過する水が、やわらかくてエグミ（アク）の少ない良質なたけのこを育てる。早いものは年末年始から出荷が始まり、出荷のピークは3〜5月だ。

たけのこ掘り体験ができる「合馬観光たけのこ園」を訪ねた。道具は先端が細いクワのみ。竹が生い茂る山を案内してくれる冨岡修《とみおかおさむ》さんが狙いを定めて土にクワを入れると、中から立派なたけのこが現れた。「先端が地面から出てしまっとるたけのこは、かたくなっとってだめやね」とのことだが、何を目印にしているのだろう？ 「地面をよーく見ると、地面が少しだけふくらんでいるところがあるやろ?」。指差してもらえればなんとなくはわかるのだが、一般の人が見つけるのは難しい。「合馬の人は子どもの頃から山に入っとるけん、わかるんよ。いのししもたけのこを見つけるのがとても上手いね（笑）」

併設された「たけのこ料理 合馬茶屋」は採れたてのたけのこを食べられる食事処。冨岡さんの娘さん・西優衣《にしゆい》さんを中心に様々なたけのこ料理を作っている。掘ったたけのこは風味が残るように皮をつけたまますぐに下ゆでされるが、掘ってすぐなら生でも食べられるほどエグミがないのだそうだ。

合馬の土壌

粘土質で土の中に通常よりも空気が含まれていないため、たけのこの皮の表面にあるうぶ毛も薄くなり、やわらかくエグミの少ないたけのこになる。特にキメの細かい粘土質で育ったたけのこは『白子（しらこ）』と呼ばれている

上／たけのこを掘る冨岡さん　下／掘ったたけのこは、すぐに下ゆでされる。『合馬のたけのこ』はアクが少ないため、普通のたけのこのように米の研ぎ汁などを使う必要はないとのこと。毎朝6時頃から厨房にはいい香りが漂う

出始めは香りを、盛りの頃は深い味を楽しめるたけのこ

「下ゆでしたたけのこの中で、特にやわらかくて美味しいものは薄くスライスして刺身にします。私たちは見ただけでわかりますよ。刺身に向かないたけのこは煮物などに料理するんです。一本ごとに味が違いますからそれに合わせて味付けします」と西さん。食事処は毎年2月下旬から5月のゴールデンウィークまでの営業だが、シーズン中にたけのこの味は変わっていくとのこと。「出始めの頃は香りを食べるという感じ、盛りの頃は深い味を食べるという感じでしょうか。もちろん、いつでも美味しいですよ。私は、味がしっかりしているので、盛りになって比較的大きいたけのこの真ん中あたりが好きかな（笑）」

刺身、煮しめ、天ぷら、たけのこごはんなど、まさにたけのこ三昧。どの料理からもたけのこの甘みと旨味が感じられるが、より深く感じられるのは刺身と焼きたけのこだ。「焼きたけのこは下ゆでせず、皮がついたまま蒸してから焼きます。蒸すことで旨味を閉じ込められますし、食感もより楽しんでいただけると思います」。焼き目がついたたけのこの真ん中だけを食べるという贅沢な一品だ。

合馬はたけのこだけではなく、米や野菜も美味しいと西さん。「合馬の土と水から生まれるものだと思っています。たけのこもね。たけのこは、何もしなくても生えてくるものではありますが、手入れをしている山のたけのこはやっぱり味が違うんですよ。うちの山も主人が一年中手入れをしていますね」。人が丁寧に手を加えることで、自然の恵みはより豊かなものになっていくようだ。

左上／民家を改装した店内　右上／炭火で焼かれる『焼き筍』700円　下／コース料理は梅コース『筍満載』3000円と、写真の竹コース『究極の筍づくし』3500円。毎年料理の内容は変わるが、『合馬のたけのこ』を満喫できる

たけのこ料理 合馬茶屋

北九州市小倉南区合馬1187
TEL 070-2384-6639
10:10〜限定食数終了まで
※2月下旬から5月の
ゴールデンウィークまで営業

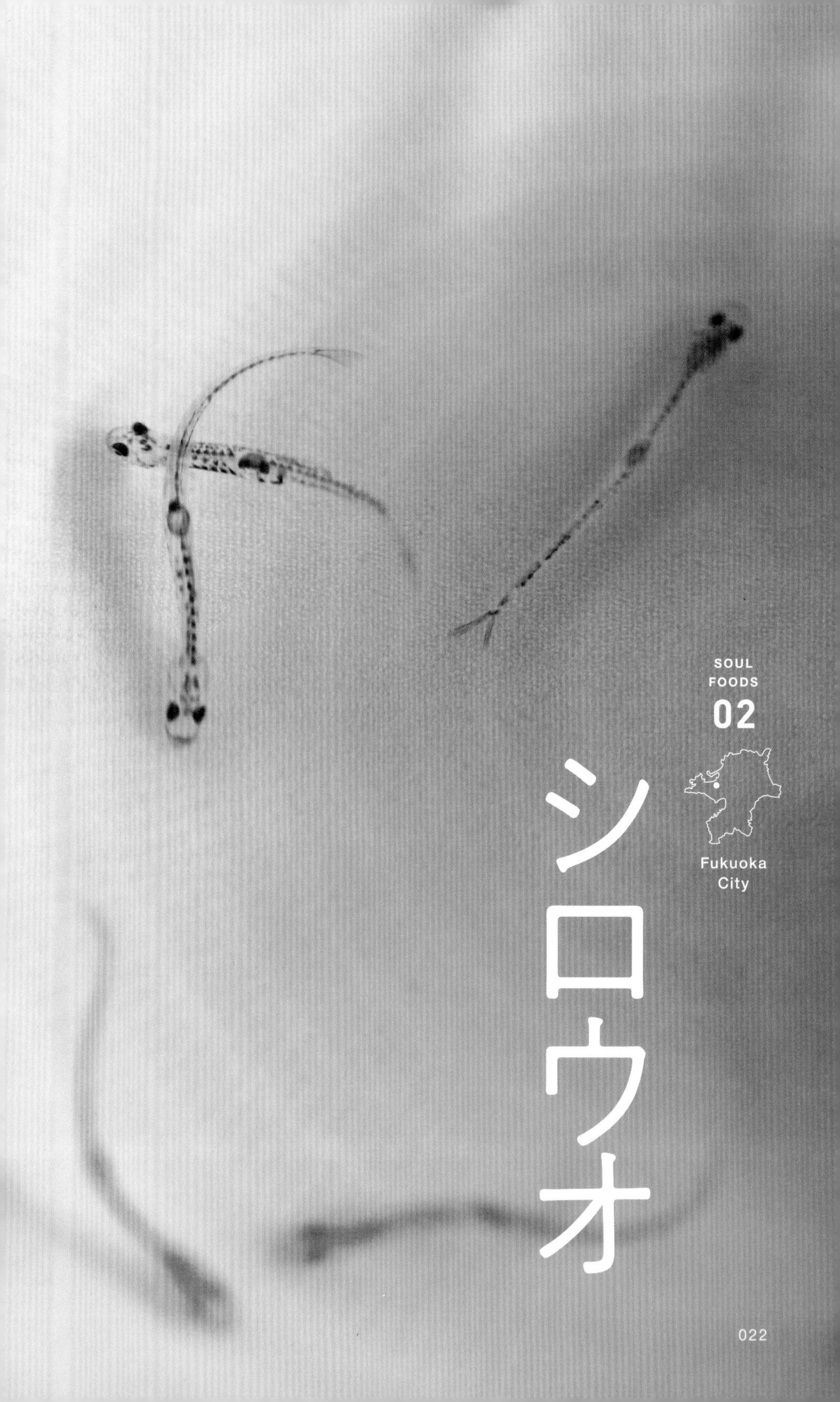

SOUL
FOODS
02

シロウオ

Fukuoka
City

博多に春を呼ぶ、喉で味わう踊り食い
噛むと感じるほろ苦さと甘みも春の味

福岡市を流れ博多湾に注ぐ室見川《むろみがわ》。街中にもかかわらず河口では多くの渡り鳥をはじめ、いろいろな鳥を観察することができ、アサリなど水中にも多くの生物が生息する自然豊かな川だ。毎年2月になると、川には竹とカヤを編んでV字形の柵のように作った梁《やな》と呼ばれる仕掛けが現れ、博多に春の訪れを知らせるシロウオ漁が始まる。

シロウオは体長5cmほどの透明な姿をしているハゼ科の一年魚。河口から1kmほど上流で産卵し、生まれた稚魚は川を下って博多湾で成魚となる。成魚は鮭と同じように産卵するために生まれ故郷の室見川に帰ってくる。この時、満潮時に潮の流れにのるようにして川をのぼってくるシロウオを捕らえるのが梁を使った漁で、江戸時代から続くといわれている。ちなみに、名前や姿が似ているのでシラウオと混同されることがあるが、シラウオ（シラウオ科）とシロウオはまったく別の魚だ。

現在、福岡県内でシロウオ漁が行なわれているのは室見川だけで、室見川シロウオ組合が一括して管理している。「梁を作るのは2月の大潮の時で、実際に獲れるのは2月末から4月中旬くらいまで。早春から始まり、桜の花が散ったら終わりというのがシロウオ漁ですね。かつては室見川周辺の農家が農閑期に漁をしていたんです」という組合長・小石原義彦《こいしはらよしひこ》さんは、40年以上にわたってシロウオ漁を続けているベテランだ。

笑っているようにも見えるシロウオ。泳ぐ姿が〝つ〟〝く〟〝し〟の文字に見えることから『つくしうお』とも呼ばれる

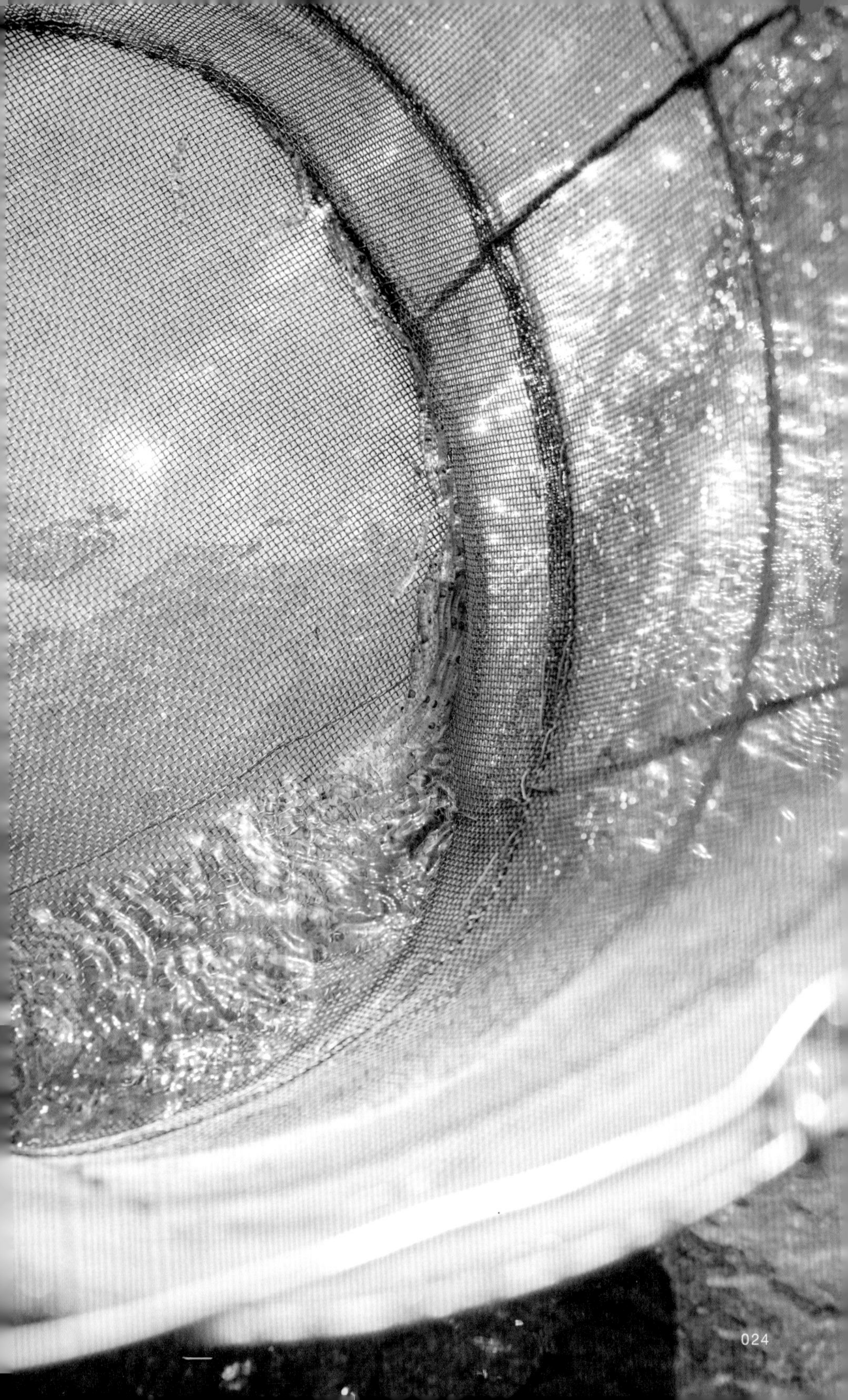

右頁／網の中のシロウオ　左頁／写真左側が下流で、のぼってくるシロウオが先端にある金網に入るという仕掛けの梁漁。おこぼれを狙うカモメの姿があった

決して獲りすぎず……自然に寄り添いながら守ってきたシロウオ

梁はV字形の先端のところに金属製のカゴが仕掛けてあり、のぼってくるシロウオがそこに入るという仕組みだ。「梁漁はシロウオを傷つけないやり方でもあるんです。そして梁はね、川幅すべてに作るのではなく、川幅の1/5は空けるようにしています。取り尽くしてしまったら次の年はいなくなってしまいますからね」。網ではなくカヤを使って隙間を設けているのも取り尽くさないようにするためだ。

カゴで捕らえたシロウオは川の中に沈められた箱の中に入れておく。「箱の蓋を開けたままにしといたら鳥が全部食べてしまう。食べすぎて飛べなくなったサギを見たことがあるよ（笑）」。室見川沿いにある事務所ではシロウオの販売をしていて、一般の方も購入することができる。「漁と一緒で売り方も昔から変わってないですね。一合升を使うんです。一合で500匹くらい入ってるかな。昔はたくさん獲れていて、ごはんの上にシロウオをたっぷりのせて醤油をかけて食べる、『シロウオ丼』みたいなのもよくやってました。県外の川でも獲れますが、博多湾で育ったシロウオは大きいですね」

シロウオが獲れるのはちょうど桜の時期ということもあり、大正時代には『シロウオ料理』を出す花見茶屋のような店が室見川沿いに立ち並んでいたという話が伝わっている。やがて始まったのが、今ではシロウオの代表的な食べ方として知られる生きたままのシロウオを食べる踊り食い。室見川を眺めながら『シロウオ料理』を楽しめる「日本料理 とり市」は、昭和9年創業の老舗料亭だ。

梁漁について

梁漁には筌梁（うけやな）、網簗（あみやな）、縄簗（なわやな）、桶梁（おけやな）などがあるが、シロウオに使われるのは筌梁。『古事記』や『日本書紀』にも記載があるようで、遠い昔から行なわれていた漁法とされている

「日本料理 とり市」の特製ポン酢は踊り食い専用。爽やかな酸味でシロウオと一緒に飲み込むことができ、身を噛んだ時のほろ苦さにもよく合う

とり市
白魚
とり市

泳ぐシロウオを口の中へ。忘れられない口の中のピチピチ感

「器で泳ぐ姿を見ると初めての方は『わーっ』と声をあげられます。青磁に入れるとよりきれいに見えますね」と料理長・松本孝《まつもとたかし》さん。目の前に現れたのは深さのある青磁に泳ぐシロウオたち。金網ですくって器に入れ特製ポン酢をたらすと……酸味が身体に染みるのか、器の中で泳ぐ以上にピチピチと跳ね回る。思い切って口の中へ入れると口の中でも跳ね回るので、しばらくその動きを感じた後で飲み込む。ツルッとした喉越しだ。「透明なので小さく見えるんですが、実は思ったより大きかったりしますね。ぜひ飲み込むだけではなく噛んでみてください。存在感がありますよ（笑）」。今度はすぐに飲み込まずに噛んでみると、ザクッという歯ごたえとほのかなほろ苦さと甘みを感じた。「そのほろ苦さと甘みが博多の春の味なのかもしれません。春を感じる料理、会話が弾むみんなで食べる楽しい料理ですね。40年以上にわたって毎年お見えになる方もいらっしゃいますよ」。コースの『シロウオ料理』には、踊り食いをはじめ、シロウオの吸物、佃煮、天ぷら、卵とじ、炊き込みごはんなどが付く。四季折々の旬の素材を使った料理を提供する店の春は、シロウオで彩られる。

店には多くの文化人や著名人も訪れたそうで、玄関前には俳人・高浜虚子《たかはまきょし》がこの地で詠んだ句を刻んだ句碑が立つ。〝網の目に　消ゆる思ひの　白魚哉〟

毎年春の時期にしか食べることができない小さなシロウオに、特別な想いをもつ人は多いのかもしれない。4月末、室見川にお神酒を注いでシロウオのシーズンは終わる。

左上／「私も19歳の時に初めて踊り食いを食べて驚きました」という松本さん　右上／踊り食い、炊き込みごはん（写真）などが付くコース『シロウオ料理』は10000円〜　下／シロウオの季節がやってくると〝白魚〟の文字が入った白いまねき旗や提灯が玄関の軒下に出される

日本料理 とり市

福岡市西区愛宕3-1-6
TEL 092-881-1031
11:30〜22:00
不定休

SOUL FOODS 03

Fukuoka City

一口餃子

「旭軒」の『焼餃子』は1人前10個328円で写真は3人前。『水餃子』も1人前10個328円。その他、タレに漬け込みしっかり揚げた『手羽先』1本84円も、酒のつまみに最高だ

旭軒
駅前本店
TEL451-7896
餃子の店
旭軒
餃子の店
餃子
旭軒

一人でも頼むべきは二皿？三皿？
一口サイズで食べやすい博多の餃子

「いらっしゃいませ」とお客さんに声をかけた後、黙々と鉄板に向かうのは「旭軒」二代目店主・松尾秀雄《まつおひでお》さん。一度に餃子が２５０個も焼けるという鉄板の上に餃子を並べ、水をふりかけ蓋をするが、途中で蓋を開けて油をひいたり、餃子を移動させたりと忙しい。「焼く数も違うし、鉄板の温度も毎回違うけんね。それによってふりかける水の量やら焼き時間を変えるとです。４分くらいで焼きあがる時もあれば、７分くらいかかる時もある。それにね、焼き上がりは蒸気の出方や音で判断しよるとよ。集中せんといかんけん、話せんもんね。お客には怖い人と思われとるかもしれんけど、そげなことはなかよ（笑）」

千切りキャベツがのった皿に盛られた餃子は一口大。酢と醤油がベースのタレをつけ、添えられる柚子胡椒を合わせていただく。パリッとした後、とろけるような皮の味と14種類の材料を使ったタネのやさしい味わいに箸が進み、一人前食べても足りない。「皮もタネもね、店の横で朝7時から手作りしよるよ。初めて来たお客さんには『一人前じゃ足らんよ』と思うけど、商売人が押し売りしたらいかんけん言わん（笑）」

「旭軒」の歴史は昭和29年、先代の屋台から始まり店を構えてからも半世紀以上。丸い皿に盛り付けられた餃子をすべて食べた後、皿の底に現れるのは〝餃子の店 旭軒〟という文字。その文字の薄さにも歴史を感じてしまう。

旭軒 駅前本店

福岡市博多区博多駅前2-15-22
TEL 092-451-7896
15:00～OS23:30
日曜休
※餃子が売切れたら終了
※川端店もある

左上／餃子は1個ずつ皮をのばすところからすべて手作りだ　右上／現在の場所に店を構えて30年以上が経つとのこと　下／餃子を焼く松尾さん。「店が終わって火を消しても厚さ15mmもある鉄板は冷えるのに1時間くらいかかる。その間は飲みよるよ（笑）」

屋台から生まれた博多の餃子、その味は千差万別

餃子といえば宇都宮《うつのみや》餃子や浜松《はままつ》餃子が有名だが、博多にも餃子文化が花開いている。その歴史は、昭和20年代後半頃、屋台が餃子を出すところから始まったといわれている。一口サイズの餃子が多かったことから、餃子ファンの間でいつしか『一口餃子』とも呼ばれるようになった。

博多で歴史をもつ餃子の特徴は〝一口で食べられるサイズ〟という大きさのみ。材料も、皮も、タレも、薬味も千差万別だ。ただ、皮が薄いものが多いこと、薬味として柚子胡椒を添えることは多いようだ。一口で食べることで、パリッとした香ばしさの後に口の中でとろけてしまうような皮と、肉と野菜の旨味が詰まったタネが一体となった味わいを楽しめる。そして、その旨さから〝一人前では足りなく感じる〟ことも特徴かもしれない。

古くからの餃子専門店の特徴として、餃子以外では手羽先揚げくらいしかないなどメニューがとても少ないことがあげられる。また、客にはとても見づらい位置にテレビが置かれていることもある。営業前に店内で手作りしている店では、作り手がテレビを見ながら餃子を包む仕事ができるようにしているためだ。

博多では餃子専門店をはじめ多くの店が餃子を提供しており、今も餃子の店が増え続けている。焼き方と盛り付けは大きく分けて2つ。「旭軒」のように大きな鉄板で焼いて皿に盛り付けるスタイルと、注文ごとに鉄鍋で焼いてそのまま提供するスタイル。その名も「鉄なべ」の大将・林由起雄《はやしゆきお》さんを訪ねた。

変化を続ける博多の餃子

『焼餃子』『水餃子』『スープ餃子』などが定番だが、2000年代に入ってからスープで餃子を炊き上げる『炊き餃子』を出す店も現れた。また、鶏肉やもつを使うなど、博多で親しまれている食材を使った餃子も多数

週末には1万個を作るという「鉄なべ」の餃子もすべて手作り。蝶々のような美しい形に包まれた餃子が並ぶバットには、包んだスタッフの名前が書かれた紙が貼られていた

博多中洲 餃子の店
鉄なべ
餃子のたれ
宮島醤油

味とともに、音や香りを伝える鉄鍋で焼くアツアツカリカリ餃子

林さんは昭和38年、博多駅前の屋台として創業した「鉄なべ」の二代目。「昭和30〜40年代の喫茶店のメニューにあった鉄板で焼く『スパゲティナポリタン』をヒントにして、鉄鍋を使うことが始まったようです」。煙が出るまで熱くした鉄鍋に油をひき、厨房で一つずつ手作りされた餃子を並べ水をふりかける。「水で餃子の表面の粉を落とすことで、天然の羽根つき餃子になるんです」。木の蓋をして水気がなくなったら蓋を開けて仕上げのゴマ油をぬって餃子をひっくり返し、鉄鍋のままテーブルに運ぶ。蓋を開けるタイミングは音だ。「最初はジャー、次にパチパチパチパチという音がして、最後にツツツとなったらできあがりです。鉄鍋の手入れは大変ですが、長く使うと油の馴染み具合がよくなって、いい色合いに焼き上がるんです」

ジュウッという音とともに運ばれてくる餃子はアツアツ。ジューシーなタネを包む皮のカリッと感がたまらない。「カリカリしているし、スナック感覚でもありますよね。博多の餃子はおかずではなくて、つまみというポジションです」。一口で食べられる食べやすさもつまみにはぴったりだ。「昔からこの大きさなんです。中洲は芸妓さんが多かったので、大きいと一口で食べにくいので小さくなったという話もあるんですよ」。使い込んだ鉄鍋に並ぶ餃子には、そんな博多の歴史も包まれているのだ。「博多といえばラーメンや水炊きが有名ですが、餃子はまだクローズアップされていないですよね。でも、博多は餃子処なんです!! 宇都宮や浜松にも負けていませんよ（笑）」

鉄なべ であい橋店

福岡市博多区中洲4-5-9
TEL 092-262-0488
17:00〜OS24:00
日曜・祝日休
※中洲本店、福岡PARCO店もある

左上／『焼き餃子』1人前7個450円（写真は3人前）。『水餃子』580円などもある　右上／「鍋との間に適度に隙間があることも大事なんです」という木の蓋　下／テーブルには特製タレ、ゴマ油・一味唐辛子・辛味噌を合わせた餃子によく合う『赤胡椒』などが並ぶ

わけのしんのす

FOODS
04

Yanagawa
City

ユニークな名前からは想像できない、その意味
コリコリとした食感を楽しむ有明海の珍味

『わけのしんのす』。福岡県柳川《やながわ》エリアだけで使われている呼び名は、聞くだけでは何のことかわからないが『イシワケイソギンチャク』のこと。方言で〝わけの＝若い人の〟、〝しんのす＝尻の穴〟という意味で、見た目の形態を例えてその名が付いたという説が一般的だ。〝わけ〟に関しては、この地方では貝のことを〝ケ〟とか〝ギ〟と呼ぶことと、『イシワケイソギンチャク』が丸い貝に見えることから〝丸貝＝輪貝（わけ）〟という説もある。有明海では最大6ｍという大きな干満差から生まれる干潟に珍しい魚介が多数生息しているが、干潟の砂地部分に棲む『わけのしんのす』もその一つ。漁は潮が引いた時に砂地の中に潜りこんだものを竹や木で作った、細いシャベルのような板で掘り起こすようにして獲る。そのため、漁ではあるが〝わけ掘り〟とも呼ばれている。

柳川では〝わけ〟とだけ呼ばれることも多い『わけのしんのす』は、柳川以外の有明海沿岸の街ではほとんど食べられていないが、柳川（ただし、柳川市全体ではなく沖端《おきのはた》を中心とした場所）では昔からよく食べられている食材で、代表的な料理法は味噌煮。中に入っている砂などの不要物を取り除き、洗ってきれいにした後、味噌・酒・砂糖などを合わせた煮汁で煮る。味噌煮以外では、醤油煮、唐揚げなどにも使われる。漁師さんたちの間では、味噌汁に入れて食べることも多いそうだ。

『ワケノシンノス味噌煮』600円と『ワケノシンノス唐揚げ』1000円。メニューには「こりば（これを）食わずして柳川は語られん」と書かれている

右頁／店頭には様々な有明海の魚介が並ぶ。期間限定のものもある　左頁上／『わけのしんのす』を下ごしらえする金子さん　左頁下／まだ生きている『わけのしんのす』。穴のあたりを観察すると、名前の由来がわかるような……。「締まりと弾力が重要です（笑）」

ジゴから生まれる磯の風味と味噌煮の甘い味付けが焼酎を招く

訪ねたのは「有明海をいただきます」と書かれた看板を掲げる「夜明茶屋《よあけぢゃや》」。有明海の魚介を扱う鮮魚店として明治23年に創業し、現在は飲食スペースも併設している。さっそく見せていただいた『わけのしんのす』は、イソギンチャクというよりマッシュルームのような形だ。「海中では触手が広がっているんですが、今はきゅっと締まってしぼんだ状態ですね。宴会料理では、必ず〝わけ〟を出しますよ。ただ、知らない方、特に女性には名前の由来は食べた後に説明します!!（笑）」。パワフルな四代目店主・金子英典《かねこひでのり》さんに定番の味噌煮を作っていただいた。「穴から包丁を入れて縦半分に切り、中をきれいにしますが、ここにポイントがあります。中にはジゴ（柳川の方言で内臓のこと）がついていますが、全部取ってしまうと美味しくないんです」。身が引き締まるように塩揉みして下ゆでし、酒・味噌・砂糖を合わせて煮込む。水溶き片栗粉でとろみをつけ、唐辛子をふりかけてできあがりだ。

ふにゃっとやわらかそうに見えるがコリコリとした食感がおもしろい。ジゴの残し方で決まる磯の風味と甘めの味噌の味わいに焼酎が進む。「長く煮るとやわらかくなりますが、このあたりでは食感を少し残すように煮ることが多いですね。漁師さんたちのつまみに欠かせない味です。有明海は珍魚の宝庫で〝わけ〟も大切な宝の一つ。魚屋ですから魚介を生で見てもらうこともできるし、食べてもらうこともできますから、有明海のことを発信していきたいですね」。「夜明茶屋」は１３０年間、有明海に寄り添っている。

夜明茶屋

柳川市稲荷町94-1
TEL 0944-73-5680
11:30〜OS14:30／17:00〜OS21:30
火曜休（祝日の場合は翌日休）

左上／加工品を作っている工場の煙突　右上／『むつごろうラーメン』など土産として持ち帰れる加工品も販売されている　下／気軽に入れる店では800円〜でランチが食べられる

夜明茶屋

1,000円
むつごろうラーメン
醤油
むつごろうダシの深みとコク!!

夜明茶屋

KYUAJI COLUMN 01

博多の屋台

お品書き
屋台では値段表の明示が義務付けられている。今では値段表がない屋台はほとんどないが、入店時にまずはチェックしておこう

店主
博多の生き字引的な大将、これからの屋台を引っ張る若い世代の店主、女性店主や外国人店主……屋台の個性は店主の個性でもある

焼台・寸胴鍋・羽釜
限られた空間にコンパクトにまとめられた道具や鍋にも注目。寸胴鍋にはラーメンのスープが入っており、羽釜で麺をゆでる

どこに座る?
混雑時は店主の指示に従うように。屋台はリヤカーを改造しているので、汚したくない靴を履いている時は車輪の位置に注意!

夜の街に現れる大人の社交場 博多ならではの味と人情を

博多で屋台が増加したのは戦後の混乱期だった昭和20年代。当時はおでん、餃子、焼鳥、うどんなど専門屋台が多かったという。屋台から始まり、今の博多の食文化につながる料理も多い。昭和40年代に最盛期を迎え福岡市内に400軒以上の屋台があったが、現在は100軒ほどの屋台が営業を続けている。

営業スタートは概ね18時。天神、中洲、渡辺通り、昭和通りなど屋台が集中するエリアでは、個性的な暖簾と看板の灯りが街を彩る。リヤカーを改造して作られた屋台は〝コ〟の字形のカウンター席のみ。満席に見えても思い切って暖簾をくぐってみよう。「ちょっと詰めちゃってん」という店主の言葉で先客が席を詰めてくれることもあるからだ。「ありがとうございます!!」とお礼を言えば、そこから会話が弾むことも。お客同士の近さが、屋台の醍醐味だ。屋台では生野菜など生物を提供することは禁止されているが、メニューは多彩。名物メニューは店

焼きラーメン

ゆでたラーメンの麺と野菜や豚肉などを炒め、トンコツスープと特製ソースを合わせて焼き上げた料理。多くの屋台で提供され、焼酎のつまみにもぴったりだ

ラーメン

〆に食べたいラーメンの具は基本的にチャーシューとネギのみ。カウンターに置かれているゴマ、こしょう、紅しょうがはお好みで

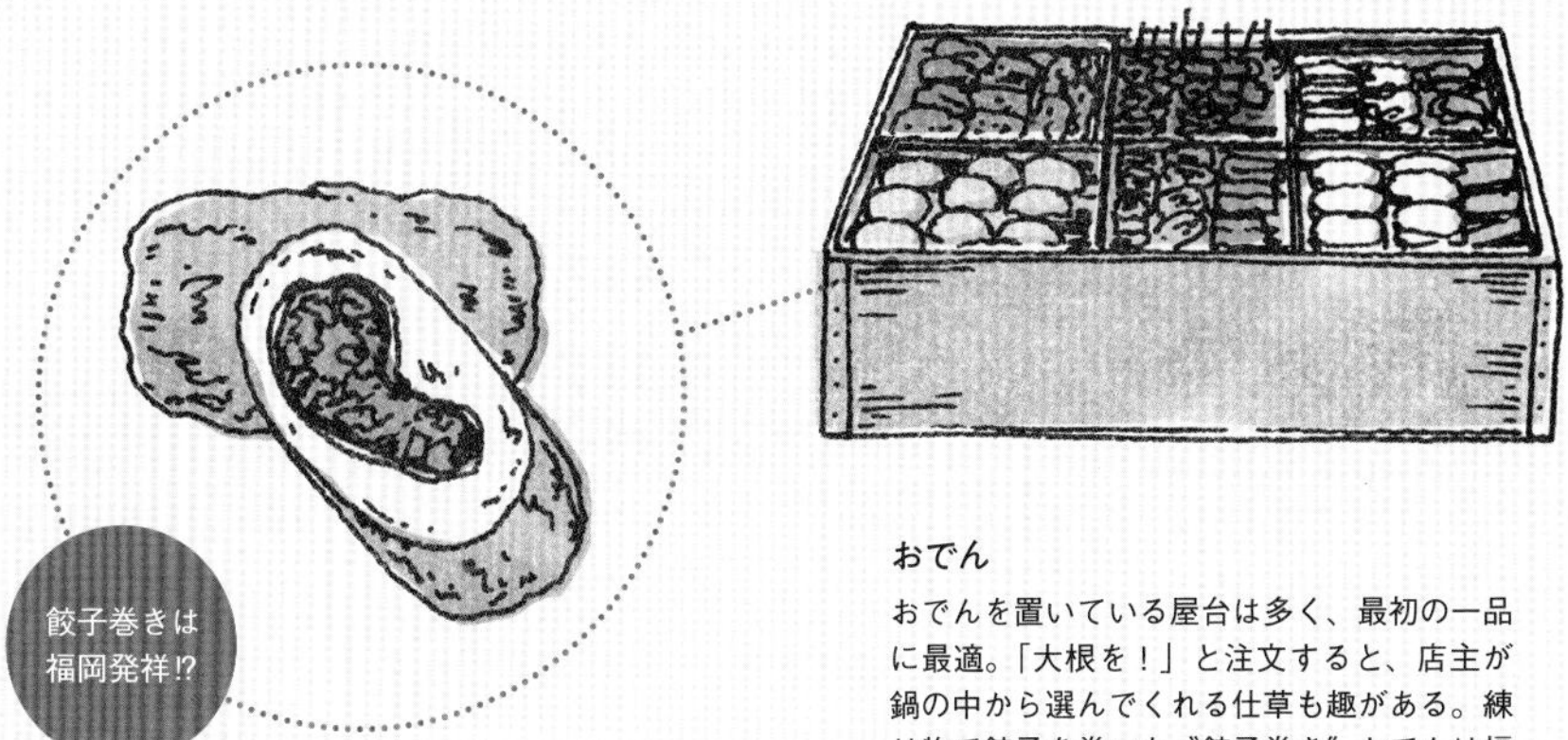

おでん

おでんを置いている屋台は多く、最初の一品に最適。「大根を！」と注文すると、店主が鍋の中から選んでくれる仕草も趣がある。練り物で餃子を巻いた〝餃子巻き〟おでんは福岡の屋台で生まれたという説も……

主に尋ねてみよう。

今や全国区となった博多のトンコツラーメンも屋台から始まったといわれており、発祥については諸説ある。基本的な博多のラーメンの特徴は、麺がストレート細麺であること。昭和30年に鮮魚市場が長浜地区に移転した後、周辺の屋台が「時間に追われて働く男たちに短い時間で麺をゆで、すぐに提供するため」に細麺にしたのだ。同時期に「初めから大盛りにすると麺がのびるから。好きなだけ食べてもらえるように」という理由で、麺だけを追加する『替え玉』のシステムも生まれている。ほとんどの屋台でラーメンを食べることができるので、各屋台の自慢のトンコツスープを味わいたい。麺のかたさ（ゆで具合）を選べるのも特徴で、やわらかい順にバリやわ→やわ→普通→カタ→バリカタ→ハリガネと続くが、初めは普通かカタあたりで。強者は、ハリガネ（ゆで時間約10秒）、さらには粉落とし（約3秒）、湯気通し（湯気の上を通すだけ）を！

博多を訪れたなら、様々な食文化と博多の人情に触れられる屋台は外せない。

柳川の掘割をどんこ舟でゆっくりといく
柳川の川下り。夏は新緑、冬季はこたつ
舟と季節ごとの趣がある

SOUL FOODS 05

Yanagawa City

鰻のせいろ蒸し

「柳川藩主立花邸 御花」の『特上鰻のせいろ蒸し』5000円には肝吸いと香の物が付く。ごはんにタレをからませて少し寝かせて蒸すことで、タレの味がごはんに染み込む

御 花

香ばしくてふっくらした味わいは蒲焼きにしてさらに蒸すという一手間から

掘割《ほりわり》を巡る川下り、北原白秋《きたはらはくしゅう》の生家などで知られ、太宰府と並び福岡の代表的な観光地である水郷・柳川《やながわ》。音楽マニアならオノ・ヨーコゆかりの地（祖父・小野英二郎さん生誕の地）であることを耳にしたことがあるかもしれない。

かつて柳川は鰻の名産地だった。当時は竹竿の先に鉄の鉤《かぎ》をつけた道具で海底の砂の中にいる鰻をひっかける筑後地方独特の〝ひっかけ〟という漁法も行なわれていたほどだ。筑後川河口付近の汽水域で獲れる鰻は絶品といわれ、数は減ったが今でも7月中旬頃に漁が行なわれている。背中が鶯色の『アオ』と呼ばれる鰻は特に美味しいのだそうだ。そんな柳川で江戸時代から親しまれている食べ方が『鰻のせいろ蒸し』。〝柳川藩主が冷めたうな重を温め直して食べた〟とも、〝江戸時代に修業に行った職人が思いついた〟ともいわれているが始まりは定かではない。

四角いせいろにかためて炊いたごはんを入れてタレをまぶし、蒲焼きにした鰻をのせて蒸す。仕上げに見た目にも味わいにもアクセントとなる錦糸卵を散らせばできあがり。柳川では『鰻のせいろ蒸し』を提供する店が20店以上あって、それぞれに独自の味を守り伝える。中には江戸時代から続く店もある。元々は『うなぎめし』と呼ばれていたようだが、県外の方にもわかりやすいように『鰻のせいろ蒸し』と呼ぶようになったそうだ。

左上／タレのベースは醤油や水飴だが、上下（かみしも／鰻の両端）や中骨を使うこと、焼いている鰻を通すこと、毎日継ぎ足しすることですぐにはできない旨味をもつ　右上／厨房のすべてに目を配る総料理長・岸原義輝さん　下／錦糸卵の黄色が食欲をそそる

関東風の背開きと関西風の直焼きをミックスした料理法

掘割を巡る川下りの終点近くに見えてくるのが「柳川藩主立花邸《たちばなてい》 御花《おはな》」。元文3年に、柳川藩五代藩主・立花貞俶《たちばなさだよし》が家族と過ごすために屋敷を造った。その地が御花畠といわれていたことから人々は、御花と呼ぶようになったとのこと。美しい景観をもつ池庭「松濤園《しょうとうえん》」は昭和53年に国の名勝に指定され、平成23年に御花の全敷地が「立花氏庭園」として改めて国の名勝に指定された。この歴史ある雰囲気の中にある食事処で『鰻のせいろ蒸し』や柳川の郷土料理を楽しむことができる。

『鰻のせいろ蒸し』を作るには、まず蒲焼き作りから。総料理長・岸原義輝《きしはらよしてる》さんが柳川ならではの蒲焼きの特徴を教えてくれた。「鰻をさばく時、関東では背開き、関西では腹開きにします。江戸時代、腹開きは切腹につながることから江戸では嫌われたからです。関西以西では腹開きが多いのですが、柳川では背開きしますね。さばいた鰻は白焼き（素焼き）にします。関東では一度蒸してから串に刺して焼き、関西では竹箸を使って直焼きしますが柳川では直焼き。さばき方は関東風、焼き方は関西風なのです」。骨がやわらかくなるまで20分ほど白焼きした後、継ぎ足しながら引き継がれてきたタレをつけながら皮目を2回、身を3回焼く。そして、タレをまぶしたごはんにのせて蒸し上げる。ごはんの一粒一粒にまでタレと鰻の風味が染み込んでいる。鰻は香ばしさを感じながらもふっくらとやわらかで、蒲焼きとはまったく違う。関東と関西の技を融合させ、蒸すという手間を加え、歴史をもつタレがなければ生まれない味わいだ。

左上／『柳川鍋』850円　右上／松濤園を望む大広間。隣には、カジュアルに楽しめる「レストラン対月館」もある　下／四季折々の花が咲き、鶯をはじめ多くの野鳥が訪れる「松濤園」

〝柳川〟の名を冠したドジョウ料理は旅の話のネタにも……

『柳川鍋』も柳川で昔から親しまれている料理。頭を落として開いたドジョウをささがきしたゴボウなどと一緒に浅い土鍋に並べ、甘辛いタレで煮込んで卵とじにする。ドジョウ釣りをしてこづかい稼ぎをしていた子どもたちもいたほど、以前は柳川界隈の川でドジョウがよく獲れていたことも、昔から食べられていた理由かもしれない。江戸時代に生まれたといわれているが名前の由来には様々な説があり、柳川で焼かれた土鍋を使っていたから『柳川鍋』になったという説もある。しっかりと下ごしらえされているのでクセはなく、上品な甘辛さをまとったやわらかな身を卵がふんわりと包む。「独特な香りやぬめりが好きな通の方には『ドジョウをあんまりきれいに洗わんでいいよ』と言われることもありますね。観光の方は鰻を食べられる方が多いですが、『柳川鍋』は好奇心旺盛な方に食べていただいているようです（笑）」。食べればおもしろい旅の記憶になりそうだ。

江戸時代から柳川のシンボル的存在であった御花。しっかりと保存されてきたおかげで、季節ごとに変わる庭の景色など歴代当主が見ていたものと同じ風景を、今の私たちも見ることができるのだ。まさに柳川にとってなくてはならない場所。平成29年、「松濤園」を望む大広間は柳川で〝百年後も咲き続ける〟ために百年に一度の保存修理工事を完了した。「御花を守る私たちにずっと伝わる教えは『郷土を大切にする』ということなのです。そのためにも御花は変わらずにあり続けたいと願っています」。そして、岸原さんは料理を通じて柳川の魅力を多くの人に伝え続けている。

柳川藩十四代当主・立花寛治（たちばなともはる）は、1909〜1910年に迎賓館としての西洋館（写真・見学可能）と和館の大広間を整えた

柳川藩主立花邸 御花

柳川市新外町1
TEL 0944-73-2189
11:00〜OS14:30／17:00〜OS20:00
無休
※料亭「集景亭」（3日前までの予約制）

SOUL FOODS 06

あぶってかも

Fukuoka City

スズメダイを丸ごと塩焼き 丸ごと食べる、頭からかじる

博多の台所と呼ばれる「柳橋連合市場《やなぎばし》」。魚介、青果、乾物など一流の食材がそろい、多くの料理人も仕入れに訪れる。新緑の5月、鮮魚を扱う店の中には体長10㎝ほどの黒い魚・スズメダイが店頭に並ぶ店もある。「船津商店」もその一つだが、正札にはスズメダイとは書かれていない。『あぶってかも』なのだ。「スズメダイを丸ごと塩焼きした料理が本来の『あぶってかも』ですが、名前にインパクトがあるので正札は『あぶってかも』にしています（笑）。博多ではそれでも通じますね。最近の若い料理人は刺身にしたり握り寿司にしたりもしているようですが、やはり塩焼きが多いです。柳橋では昔、ドラム缶で焼いたりもしていたんですよ」と店主・船津健一《ふなつけんいち》さん。

スズメダイは日本近海に多く生息するが、小骨が多いことや身が少ないことから、博多以外では四国の一部や対馬でしか食べられていない。スズメダイをよく洗い、ウロコも内臓も取らずにそのまま塩をしてねかせ、しっかりと焼いて丸ごと食べるのが『あぶってかも』。〝あぶって噛むから〟や〝あぶって食べれば鴨に似た味がするから〟など、名前の由来は諸説ある。「店頭には7月くらいまで並びますが、6月くらいの旬の時期は香りも強く脂ものって旨いですよ」。焼酎にもよく合うというその味を確かめるため、博多の新鮮な魚介を使ったメニューが食べられる「柳町一刻堂《いっこくどう》 春吉店 本館」に向かった。

スズメダイ

目がスズメに似ていることと、タイの形をしていることからその名が付いたといわれる。『かじきり』と呼ばれることもあり、その由来は昔は船の舵がとれなくなるほど海に生息していたからとか、弓の矢の〝風切り〟に体色が似ているからといった説がある

スズメダイはスズキ目スズメダイ科の魚で、スズキ目タイ科のタイとは親戚のような関係だ。釣り人には餌盗りなどと呼ばれて嫌われているが、食べれば美味

741-8256
FAX 741-0575
龍
田中野菜店
TEL 741-8787
(有)船津商店

食べづらい、けれど食べると美味しい、シンプルな塩焼き

「私の実家は『柳橋連合市場』の近くだったんです。食卓には毎日魚が並んでいました、『あぶってかも』も。骨も多いし小さい頃は嫌いでしたが（笑）、父親は頭からばりばり食べていましたね」。平成13年に「柳町一刻堂 春吉店 本館」を開いた店主・福永一記《ふくながかずき》さんが常に気にかけているのは素材の鮮度だが、『あぶってかも』も鮮度が重要な料理とのこと。「足が早い魚ですし、丸ごと焼いてワタも食べるので鮮度が命。仕入れたらすぐに洗って塩をしておき、注文が入ると炭火でじっくりと焼き上げます。普通の魚はウロコを外しますが、『あぶってかも』はウロコがないと美味しくないんです。焦がさないようにじわじわと……。焼けてくると全体に脂がジュワッと出てきて、目などから蒸気が出てきますよ」。焼かれているところを見るだけでも垂涎ものだ。

10分ほどで焼き上がると、「身と香ばしいウロコを一緒にどうぞ。頭からかじるのがおすすめです！」。パリパリのウロコ、脂がのった塩味の身、旨味の濃いワタ、中骨をしゃぶりながらの焼酎も旨い。「塩して焼いてかぶりつく……、シンプルイズベストですね（笑）。噛めば噛むほど味が出ます。原始的な作り方で、料理とはいえないかもしれないし、決して上品なものでもない。食べづらい、けれど食べると美味しい（笑）。最近、魚料理は食べやすい切り身ばかりですが、博多に来たならぜひ食べていただきたいですね」

『あぶってかも』がメニューにあがるのは毎年5月中旬くらいから。旬を大事にする福永さんにとっても、もうすぐ始まる夏の訪れを感じる大切な一品だ。

柳町一刻堂 春吉店 本館

福岡市中央区春吉3-15-30
TEL 092-725-2215
18:00〜OS翌1:30
不定休

上／スズメダイを見せてくれた船津さん。船津商店（福岡市中央区春吉1-6-3　柳橋連合市場内　TEL092-771-1555）は有明海の珍しい魚も取り扱っている　下／大正7年に開設した「柳橋連合市場」。100mほどのアーケードの中に約50店が軒を連ねる

右頁／炭火の具合を加減し、音、香り、表面の状態などに気を配る福永さん　左頁／『あぶってかも』1匹300円。初めは箸でも最後は手づかみで中骨をしゃぶりたくなる……

SOUL
FOODS
07

Fukuoka
City

あちゃら漬け

博多祇園山笠で幕をあける博多の夏
家庭では『あちゃら漬け』の季節が始まる

7月、博多の男たちが待ちに待った祭りが今年もやってくる。「博多祇園山笠《はかたぎおんやまかさ》」が始まるのだ。1日には市内各所で飾り山の展示が始まり、15日早朝に行なわれるクライマックスの追い山まで祭りは一気に駆け上がっていく。期間中、街では締め込み姿（決して褌姿と言ってはいけない）や独特の法被《はっぴ》を着た男たちの姿を見ることも多く、〝山〟を舁《か》く（決して神輿をかつぐなどと言ってはいけない）男たちと出会えることもある。この時期に博多を訪れれば博多の男たちの真の姿を感じられる。某菓子メーカーが使っていたキャッチコピー「山笠があるけん、博多たい」は、今も様々なシーンで使われることが多い言葉だ。山笠に参加する男たちのことを〝山男《やまおとこ》〟と呼ぶ。そして、山笠に熱中する男たちのことは〝山のぼせ〟と呼ぶ。仕事そっちのけで山笠に突き進む男たちを支えるのは女性たち。家を守り、旦那を陰で支える女性たちがいなければ〝山〟も動かない。博多では、山笠に出る男衆の奥様のことを、尊敬と親しみの意味を込めて〝ごりょんさん〟と呼んでいる。博多では、気っ風がよくてやさしい女性というイメージをもつ言葉だ。

　博多の夏に欠かせない『あちゃら漬け』のお話をしてくださるのは、食を通して地域の方々の健康を守る活動や博多の食文化を伝える活動を続けている原多恵子《はらたえこ》さん。福岡市博多区御供所町《ごくしょまち》で山笠を支えてきた〝ごりょんさん〟だ。

博多祇園山笠

博多の総鎮守・櫛田神社（くしだじんじゃ）の奉納神事で700年以上の歴史をもつ。重さ1トンにもなる〝山〟が走り抜ける勇壮な姿は迫力満点。期間中は絢爛豪華な〝飾り山〟が福岡市内各地に立つ。国の重要無形民俗文化財で、2016年にユネスコ無形文化遺産登録

郷土料理スペシャリスト師範・原多恵子さんが作ってくれた『あちゃら漬け』。人が集まる時、たくさん作って取り分けて食べるのが昔からのスタイルだ

大神宮
祇園宮
櫛田宮
祇園宮
大神宮
五番山笠 東流
度胸千両散如花
の科学

「博多祇園山笠」の後半（7月10日～）、男たちが山を舁く姿を見るチャンスが増える。男たちには勢水（きおいみず）がかけられるので、濡れないように注意

下ごしらえした具材を甘酢で和える、やさしい味わいの家庭料理

「野菜を使った酢の物は他の地域でも作っているのですが、博多では『あちゃら漬け』と呼びますね。さっぱりした暑い時期の料理で、家に親戚の人たちなどが集まるお盆の時によく作られてきた料理です。お客さんのつまみとして、私の母も一度にたくさん作っていましたよ」。原さんがいつもは地域の料理教室などを行なっている一室で、『あちゃら漬け』作りを見せていただいた。

「今日の材料はゴボウ、レンコン、きゅうり、ショウガなど。家庭料理ですから、その時にある材料で作ります。ただし、具材の数は奇数にしなければいけないといわれています。縁起をかついでいるのでしょうね。それぞれに下ゆでしたり、塩揉みしたりと別々に下ごしらえし、出汁や唐辛子も加えた甘酢で和えて味を馴染ませてできあがりです」。具材それぞれの食感が瑞々しく、甘みと酸味が広がるすっきりした味わい。素朴でぬくもりを感じる料理だ。「簡単なようですが、時間と手間がかかってなかなか大変なんですよ(笑)。でも、それこそが家庭料理であり、郷土料理ですね。酸味があることで塩分が少なくていいですし、歯ごたえのある根菜が入っているのでしっかり噛むことが必要で、どちらも健康維持に大切なこと。身体にいい料理ですから暑い時期にはよく食べていますね。山笠の時期に作ることもありますが、その時はきゅうりを入れないんですよ(笑)」。山笠期間中、山男たちはきゅうりを食べてはいけないならわしがある。きゅうりを輪切りにした時の切り口が、山笠の祭神・祇園神のご神紋である木瓜《ぼけ》の花に似ているからだ。

山笠ときゅうり

山笠期間中、山男たちはきゅうりを食べないということで、博多地区ではこの期間きゅうりを使わない飲食店も多い。小学校の給食にも出ないほどだ。また、〝きゅうり断ち〟とともに〝女人（にょにん）断ち〟も守られており、期間中、山男たちは女性に触れることができない

上／ステキな笑顔を見せてくれた原さん。「料理を作るのが好きなんです。愛情を込めて『美味しくなーれ』と想いながら作ってます（笑）」
下／取材時の材料はゴボウ、レンコン、きゅうり、ショウガ、ニンジン、ナス、ウリ、キクラゲ、昆布の全9種類

ヘルスメイト

九州郷土料理
蕨
営業中

和風ピクルス。ポルトガルからアジアを経て博多に伝わったのか？

続いて訪ねたのは、博多駅近くの「九州郷土料理 蕨《わらび》」。店主・平野康弘《ひらのやすひろ》さんが「福岡、九州の独特の食文化を味わっていただきたい」と開いた店で、平野さんが九州各地を旅して出会った各地の郷土料理や名物料理を提供。よく知られている料理から期間限定の珍味まで、約100種類の九州の味が一堂にそろう。

「暑い時期に登場する『あちゃら漬け』は、簡単に言うならば和風ピクルスですね！」。ミニトマトなども使った彩りのいい野菜が涼しげなガラスの器に盛り付けられる。甘酢に出汁も加わっているところが、和風を感じさせてくれる理由の一つなのだろう。

「福岡の味は大陸や外国にルーツがあったり、九州の各県から伝わったものを上手にアレンジしているように感じますね」と平野さん。『あちゃら漬け』という名前のルーツは海外にあるという説がある。ポルトガル語で〝漬ける〟を意味するアチャールが語源であるという説だ。漬物（ピクルス）はインドではアチャール、ネパールではチャーレ、フィリピンやインドネシアではアチャラ、その他アジア圏内でチャーレやオチョールと呼ぶところもある。アジア地域で似たような名前があることから、ポルトガルから伝わってきたという説は有力かもしれない。しかし、あちゃら＝あちら＝外国ということで、南蛮風の漬物を表しているというユニークな説もある。

爽やかな酸味と甘み、唐辛子のほどよい辛味の中に具材それぞれの旨味が広がるさっぱりとした味わい……。夏に博多を訪れたなら、焼酎ロックと合わせたい一品だ。

九州郷土料理 蕨

福岡市博多区博多駅前2-7-3
TEL 092-481-1265
17:00〜24:00（土・日曜・祝日〜22:00）
不定休

上／「九州郷土料理 蕨」の『あちゃら漬け』。美しく盛り付けることで、家庭料理とは違った雰囲気を醸す　左下／店名の由来は平野さんが埼玉県蕨市ご出身だから。九州を愛していただいていることに感謝！　右下／九州各地の料理にはやはり焼酎が合う

SOUL FOODS
08

Fukuoka City

おきゅうと

もっちり＆喉越しツルリ＆磯の香り 博多の朝の食卓に欠かせない小鉢

一見すると、こんにゃく？　トコロテン？　『おきゅうと』は海藻を使った加工品で、博多の朝ごはんのおかずとしてよく知られている。カロリーはほぼゼロに近いことから、最近ではダイエット食や健康食品としても注目されている。

日本海側だけで採れる海藻・エゴノリに、固める作用をもつ海藻・イギスをブレンドしたものが基本的な材料。湯で煮溶かして裏ごしして小判形に薄くのばす。冷めて固まったらできあがり。よく冷やして短冊形に切り、カツオ節、ネギ、ショウガ、ゴマなどをのせ、醤油や酢醤油をかけて食べる。ツルリと喉越しがいいが、トコロテンと違って、少しもっちりした食感をもつのが特徴だ。

不思議な名前の由来にはいくつか説があるが定かではない。①飢饉の時に食べられ始め多くの人を救ったという〝救人《きゅうと》〟→『おきゅうと』説。②エゴノリはウドの木のように早く育つということから〝沖のウド〟→〝沖ウド〟→『おきゅうと』と転化した説。③沖から来た漁師がその製法を教えてくれたという伝説から〝沖人《おきうど》〟→『おきゅうと』説。

かつて、博多湾では材料のエゴノリが豊富に採れていたこともあり、海が近かった福岡市東区箱崎周辺では『おきゅうと』が盛んに作られていた。箱崎で大正時代から１００年にわたって『おきゅうと』作りを続ける「林隆三商店《はやしりゅうぞう》」を訪ねた。

「日本料理 梅嘉」の『おきゅうと』。『おきゅうと』は一年中食べることができるが、夏の暑い時期に特に食べたくなるさっぱりした味わいだ

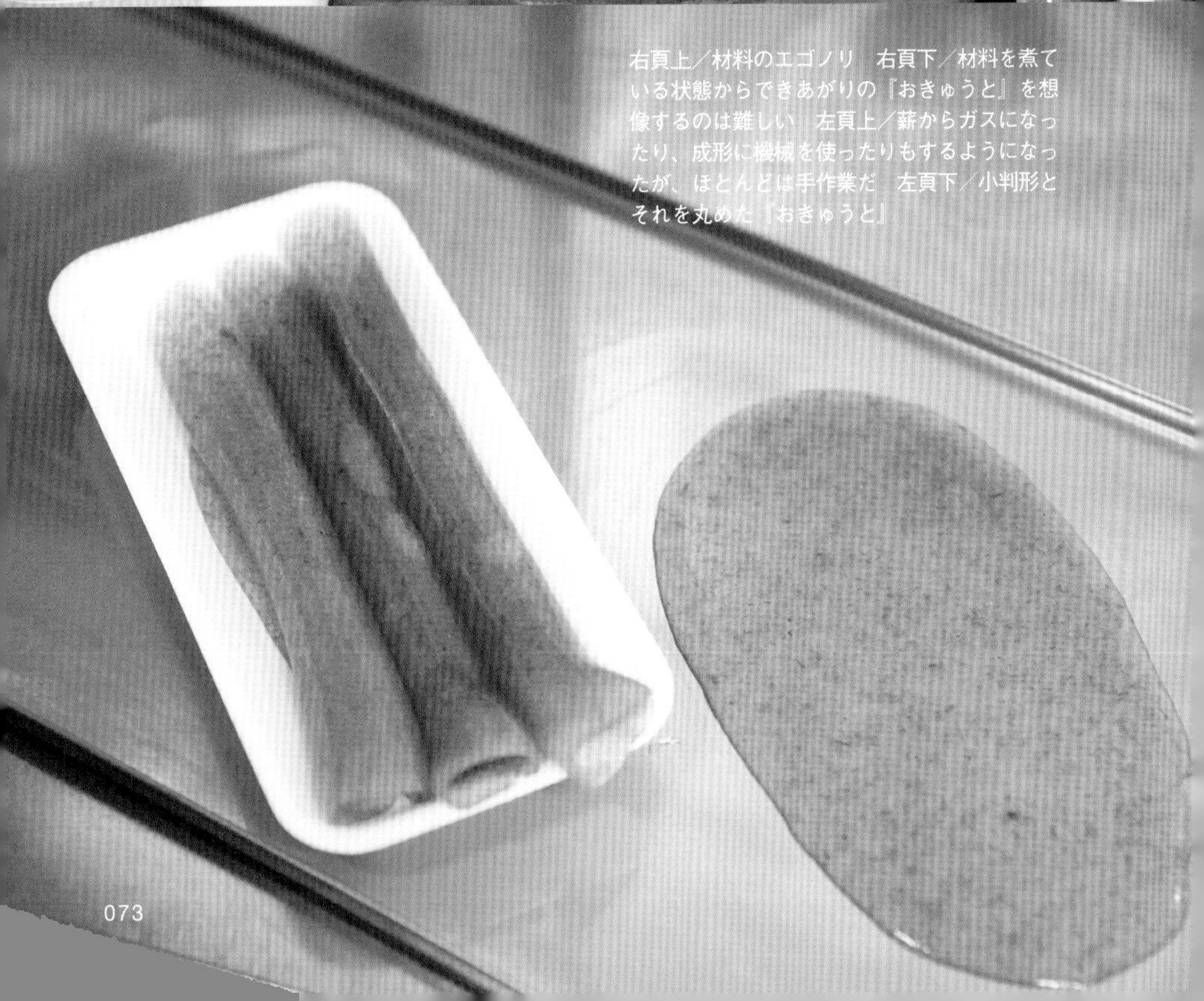

右頁上／材料のエゴノリ　右頁下／材料を煮ている状態からできあがりの『おきゅうと』を想像するのは難しい　左頁上／薪からガスになったり、成形に機械を使ったりもするようになったが、ほとんどは手作業だ　左頁下／小判形とそれを丸めた『おきゅうと』

おたまで作っていた小判形、薄いのはせっかちな博多人のため？

「昔はすぐ近くに砂浜があって、ここいらへんの漁師の家はどこも『おきゅうと』を作って行商していたとですよ。エゴ（エゴノリ）とケボ（イギス）が『おきゅうと』作りするのにちょうどいい具合に混ざった状態で採れよったしね。エゴは日本海側の海がきれいなところでしか採れんから、今使っているエゴは石川、新潟、青森産のもの。エゴとケボをいい具合に自分でブレンドせんといかんです。一度天日干しした材料を洗って水で戻した後、棒で混ぜながら釜で煮込んでいくとです」。2時間以上にわたる煮込み作業中、三代目・林晃弘《はやしあきひろ》さんの手が休まることはない。「混ぜよかんと焦げるし、材料の状態はいつも違うけん、混ぜ方というか練り方を変えんといかんけんね」

釜の中が赤色から飴色に変わり、全体がやわらかくなったら裏ごしして成形する。他の地域に、型に流し込んで作る『おきゅうと』に似たものはあるが、本当の『おきゅうと』の形は昔から決まっている。「今は機械を使うけど、昔はおたまで一つずつ小判形にしよったんよ。博多の人はせっかちやから、あんまり噛むのがいやなんよね。それで『おきゅうと』も薄くなっていったとやろう（笑）」。冷えて固まった『おきゅうと』は小判形のままでパックするものもあるが、昔ながらの形でクルクルと巻いてからパックするものもある。「昔は木箱に並べて行商しよったんやけど、丸めておくと並べやすいし、重ねたら何枚かわからんくなるしね。小学生が『おきゅうと』の入った木箱を肩から一本のタスキで吊るして『とわい、おきゅうとわい、おきゅうとー』と言いながら売りよったとよ」

上／古い写真には、『おきゅうと』を丸める人や箱に並べる人、行商に出かける子どもたちの生き生きとした姿が収められていた　下／行商に使われていた木箱。商家の子どもたちにとって、毎日の行商は商売の基礎を学ぶ勉強の場でもあったのだという

林隆三商店

福岡市東区箱崎2-13-5
TEL 092-651-7109
9:00〜14:00
水・土・日曜・祝日休

なんともいえない不思議な味わい。朝はおかずに、夜はつまみに

「いつも作りよるけど『おきゅうと』は不思議な食べ物よね。トコロテンに似たものと説明する時もあるけど、全然違うものやしね」と林さん。好きな食べ方を尋ねると「ポン酢は比較的に新しい食べ方と思うよ。カツオ節やらゴマやらかけて僕は醤油がよかですね。朝はごはんのおかずに、夜は焼酎のつまみにするのがいいね（笑）」

林さんが作った『おきゅうと』をすぐに食べようとお邪魔したのは、「林隆三商店」の目の前にある神社の横に建つ「日本料理 梅嘉《うめか》」。100年以上の歴史をもつ和食店で、会席料理の一品や小鉢などに林さんの『おきゅうと』を使っている。「『おきゅうと』の味は説明しにくいので、まあ食べてみてください（笑）」と、店主・藤野壮一郎《ふじのそういちろう》さん。特製のタレが引き立てるふわりとした磯の香りが漂ったあと、もっちりとしているが喉越しはよくて、食べ飽きない味……。確かに不思議で説明しにくい味わいだ。

「子どもの頃、材料となる海藻は神社の境内に敷かれたござの上でよく干してありました。神社で野球をしていてござの上にボールがあがった時、靴のままでござにあがったりすると、とても怒られていましたね（笑）。箱崎では『おきゅうと』はいつでもある当たり前のもので、ずっと身近な存在なんです」と藤野さん。箱崎の子どもたちは今も『おきゅうと』をよく食べているとも教えてくれた。

元文《げんぶん》3年に黒田藩が幕府に納めた書物『筑前国産物帳《ちくぜんのくにさんぶつちょう》』にも記載されている『おきゅうと』。約300年にわたり博多で親しまれている味だ。

日本料理 梅嘉

福岡市東区箱崎2-10-12
TEL 092-651-2550
12:00～OS13:30／
18:00～OS20:00
火曜休

左上／「福岡名物の『がめ煮』もうちの自慢料理なので、ぜひ召し上がっていただきたいですね」と藤野さん　右上／『おきゅうと』を食べたい時は電話で確認とのこと。ランチ1000円～、会席料理1500円～　下／住宅街の一角にある静かな店。門構えにも趣がある

日本料理
梅嘉

SOUL
FOODS
09

Fukuoka
City

もつ鍋

「万十屋」の『もつ鍋』1310円（写真は3人前）。少し変わった味わいとして『みそ味もつ鍋』1310円や『トマトもつ鍋』1373円もある。いずれも1人前からでも食べられる

もつの旨味と野菜の甘み満点の滋味な味
真夏でも食べたくなるスタミナ鍋料理

博多の名物料理の一つ『もつ鍋』。〝もつ〟とは内臓のことでいわゆる〝ホルモン〟のこと。『もつ鍋』に使われるのは牛ホルモンで、キャベツ、ニラ、ニンニク、唐辛子などの具材をスープで煮込み、スープと一緒に食べる。〆はちゃんぽんや雑炊だ。もつにはタンパク質、ビタミン、ミネラル、コラーゲンなどが豊富に含まれることや野菜がたくさん入ることから、健康にも美容にも効果のある料理としても注目を集めている。鍋料理なのだが、博多っ子には真夏でもよく食べられているという特徴がある。

博多では戦後すぐから『もつ鍋』を提供する店はあったが、1990年代に東京を中心に一大ブームが起こり、平成4年の日本流行語大賞新語部門の銅賞を受賞（大賞はきんさん・ぎんさん）したことで、その名を全国に知られるようになった。その後、ブームが去り厳しい時代もあったが、博多では変化や進化を続け、福岡市内だけでも170店以上の『もつ鍋』を提供する店が存在する。

現在、スープの味わいは、基本的な醤油仕立てものと、後に生まれた味噌仕立てのものが主流となっているが、そんな中、戦後すぐから続くすき焼き風の味を提供するのが、『もつ鍋』発祥の店といわれる「万十屋《まんじゅうや》」。現在の店舗は世界的な建築家・隈研吾《くまけんご》氏が設計した斬新なデザインだが、その味は昔も今も変わらない。

上／鍋に入れる順番は、もつ、タマネギ、キャベツ、ニラ。唐辛子は自家製だ。野菜が蓋代わりになることで、いい具合に火が入り、美味しいスープが生まれる　下／「途中で混ぜずに、できあがるまで我慢ですよ!!」と松隈さん

『もつ鍋』の始まりは、すき焼き風の甘辛い味わいから

「私はいつも『もつ鍋』を食べているから元気なんです。脳の働きもよくなるそうですよ」と「万十屋」の女将・松隈幸子《まつくままさちこ》さんは笑顔で話す。「元々、饅頭を作っていたのですが、戦後、小麦粉も砂糖も手に入りにくくなり作れなくなりました。そんな時代に唐津のほうからオート三輪で牛もつを売りに来ていたんです。生きていくためにそれを使って商いをしようとがんばったのが私の母なんです。甘辛いタレも母が作り上げた味。ずっと継ぎ足しながら熟成されてますから、どこにも真似できないですね（笑）」

特製の石鍋に秘伝のタレに漬けておいたもつと野菜を入れて火をつける。「野菜が蓋の代わりになるので途中で混ぜたり触ったりしたらダメですよ！」。野菜が沈みしんなりしたらできあがり。すりおろしたニンニクも入ったタレの中に広がるもつと野菜の旨味。小腸、赤センマイなど4種のもつのやわらかな食感やコリコリとした食感も味わい深い。

「もつをきれいに洗うことがとっても大事なんです。今は機械でもつに行水させているけど（笑）、子どもの頃に母の手伝いをしていた時は網に入れて流水で手洗いしていたんです。もつを触るのは少し気持ち悪かったけど、お客さんが喜ぶ姿を見るのがうれしくてね」

今では『もつ鍋』にニラとキャベツが入るのは当たり前という感覚だが、「始めた頃はキャベツを入れられるのは5～6月で、セリやノビルなども使っていましたね。いつでも同じ野菜を入れられるようになったのは昭和38年頃かな」。〆はちゃんぽん、さらに名物のビビンバ風ごはん。歴史を知ることで、より深い味を感じた。

万十屋

福岡市早良区田村1-12-10
TEL 092-801-4399
11:30～22:00
月曜休（祝日の場合、翌日休み）

上／〆の第1弾はちゃんぽんで（1玉155円）
左下／常連の作家・壇太郎氏と交流のあった建築家の隈研吾氏がデザインした建物。すぐ横を流れる室見川に浮かぶ船をイメージ　右下／最後の〆はごはん（小）155円、卵100円を加えたビビンバ風ごはんで

醤油ベースのスープが支持され40年、目指すは『MOTSU-NABE』

運ばれてきた鍋には、もつやキャベツの上に山のように盛り付けられたニラ……。このビジュアルも昭和53年に創業した「楽天地《らくてんち》」の名物だ。火をつけたら、ニラ山が低くなるまで触らずに我慢する。「ニラで蓋をして蒸し焼きにする感じですね。野菜がしんなりしたらおたまで混ぜ、全体に火が通ったらどうぞ」と、アドバイスをくれるのは女将・水谷美穂《みずたにみほ》さん。もつの旨味やキャベツの甘みを引き立てる醤油スープは先代の女将さんが作り上げ、水谷さんが守り続ける変わらない味だ。「スープはうちの『もつ鍋』の命といえるもの。そして、もつは傷みやすい反面、とても味わい深い食材ですから、鮮度と配合も重要です。味をまろやかにするため、7種類のもつをバランスよく配合しています」

もっと野菜を食べてしまったら、ちゃんぽんで〆る。実は『もつ鍋』をちゃんぽん麺で〆るという食べ方は「楽天地」から始まったといわれている。「天神店の1階が中華屋だったので、何かの時にちゃんぽん麺を入れてみたのだそうです。初めはまかないとして食べていたようなんですが、やがてメニューに加わったんです」。『もつ鍋』を食べた後でなければ、すべての旨味が重なるスープの旨さを知ることはできない。

40年以上にわたって味を守る「楽天地」だが、新しい取り組みにも意気盛ん。『もつ鍋』に様々なトッピングを用意している姉妹店もある。「私たちは福岡の街に育てていただきましたから恩返しをしたいのです。そのためにも福岡の郷土料理である『もつ鍋』を世界に広めたいと思っています」。『MOTSU-NABE』は世界に轟くか!?

上／市内に8店舗。「もつ鍋 二代目 楽天地」はカフェ風のおしゃれな店だ　左下／二代目と冠しているのは新しい挑戦への意思表示でもある　右下／『もつ鍋』1人前1090円（写真は3人前）。トッピングは、明太ソース、油漬け明太子、パクチーなど魅惑の11種類

もつ鍋 二代目 楽天地

福岡市博多区博多駅前2-8-12
THE BLOSSOM HAKATA
Premier 2階
TEL 092-483-7700
11:30〜OS23:30
無休

二代目
楽天地
天

KYUAJI COLUMN

02 角打ち

店主

やさしい女将、強面（こわおもて）だが温かい大将……各酒店で迎えてくれるのは個性的な店主。店主に会いに行く楽しみも大きい

ひとり客多し

『角打ち』は多人数で行くところではない。逆に、ひとりで訪ねれば隣の人や店主と地元ならではの話がふくらむ

基本はセルフサービス

お湯割りなどは作ってくれる場合もあるが、基本はつまみも含めてセルフが流儀だ

立ち飲み

カウンターで立ち飲みというスタイルが多いが、椅子に座って飲める店もある

酒屋の一角でサクッと飲む百年以上続く左党パラダイス

明治34年の官営八幡製鉄所の創業から発展した工業地帯や明治初期に開港した門司港がある、北九州には日本を支える多くの働く男たちがいた。仕事が終わった男たちの楽しみは一杯の酒。いつしか酒屋の一角で酒を飲むスタイルが生まれ、『角《かく》打《う》ち』と呼ばれるようになった。今も北九州市内で100軒以上の『角打ち』を楽しめる酒店が存在するようだ。

元々『角打ち』は料理を提供する飲食店ではない。特に看板があるわけではなく、一見、普通の酒屋だが、奥に小さなカウンターやテーブル席が用意されている。そして、客が酒やつまみを自分で選んで自分で飲み食いするセルフスタイルが基本だ。売られているつまみは串に刺さったイカの乾き物、せんべい、豆菓子などが多く、さながら〝大人の駄菓子屋〟。缶詰や魚肉ソーセージもつまみの定番だ。皿の代わりに紙を使ったり、伝票の代わりに空き瓶や空袋で精算することが多いのも『角打ち』ならでは。千円あれば楽

定番・魚肉ソーセージ

魚肉ソーセージも角打ちつまみの定番。「平尾酒店」ではタマネギ、スライスした魚肉ソーセージに酢とマヨネーズと唐辛子をたっぷりかけた人気メニュー『ソーセージサラダ』が人気

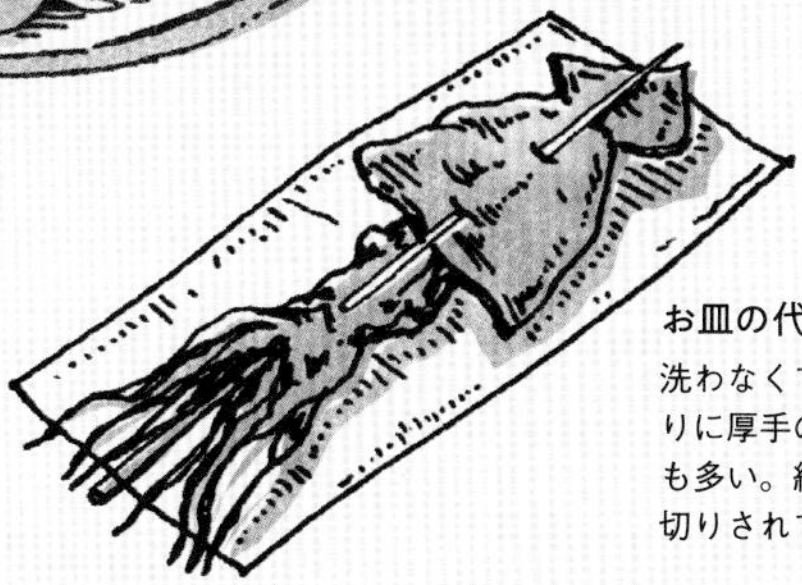

お皿の代わりに紙!!

洗わなくていいように、皿の代わりに厚手の白い紙が使われることも多い。紙は、既製品ではなく手切りされているものも

乾き物は自己申告で！

乾き物と缶詰

子どもの頃に食べていたような駄菓子類がいろいろ。缶詰を温めてくれることもある

入りにくいような……

ほとんどの『角打ち』は住居兼酒屋の一角にある。思い切って酒屋に入ってみると、そこに『角打ち』があるかもしれない

しめるし、ワンコインでもOK。ただし、サクッと飲んで長居しないのが粋だ。

　中には百年以上の歴史をもつディープな『角打ち』もあるし、外から中の様子が見えなかったり、見えたとしても常連さんたちの姿に二の足を踏んでしまうのが未体験者。しかし、初心者にも利用しやすい店もある。「女性ひとりの方も多いですよ」と昭和13年創業「平尾酒店」の二代目女将・平尾《ひらお》ユカリさん。どんな人でも笑顔で迎えてくれる。「お客さん同士が仲良くなることも多いですね。それも『角打ち』の魅力」。こちらは飲食店としての許可もあって簡単な料理も提供。「ただ盛り付けるだけよ（笑）」という『ソーセージサラダ』がなぜか旨い。焼酎のお湯割りもいつもより染みる。思い切って暖簾をくぐれば、どこの『角打ち』でもおもしろい体験ができるはずだ。

　昨今、一品料理を中心に提供するオシャレな立ち飲みスタイルの飲食店を『角打ち』と呼ぶことも多い。形は変われど、〝ちょっと飲みたい〟〝気軽に飲みたい〟〝安く飲みたい〟という左党の想いはいつの時代も変わらないのだろう。

 協力／平尾酒店 北九州市小倉北区紺屋町6-14　TEL 093-521-3268　12:00〜21:00　日曜・祝日休

早朝の長浜鮮魚市場。九州近海で獲れた
多種多様の魚介が集まる

SOUL FOODS 10

Fukuoka City

ごまさば

右頁／卸売業者（白い帽子の方）は生産者から委託された品物を仲卸業者（赤い帽子の方）に販売する　左頁／セリを待つ真サバ。澄んだ目、輝く体が新鮮な証

博多では当たり前だったサバの食べ方
生の身に醤油ダレとゴマをまぶす！

博多に来たほとんどの方は「博多は食べ物が美味しい」と言う。特に魚介の美味しさに感動する方は多い。一見普通に見える居酒屋でも、刺身をはじめコスパの高い新鮮な魚介が食べられるだけでなく、スーパーにも新鮮な魚介が並ぶからだ。海に開かれた博多は古くから大陸との交流や漁業が盛んだったが、今の時代も新鮮な魚介を食べられる大きな理由の一つは「長浜鮮魚市場」の存在だ。

「長浜鮮魚市場」は昭和30年に開場した歴史ある市場。玄界灘、日本海や東シナ海などで獲れた魚介を扱う日本有数の鮮魚市場で、大きな特徴は漁船がつく岸壁を擁していること。大都市の市場は街中にあり通常は水揚げ機能を持たないが（すべてトラックなどによる陸送で運ばれる）、「長浜鮮魚市場」には直接水揚げされる魚介もある。冷凍品・加工品を除く取り扱いの実に8割以上が鮮魚だ。取り扱う魚種は年間で約３００種類にのぼり、アジ、サバといった青魚の割合が多い。そして、出荷の4割は福岡市で消費されており、博多には新鮮な魚介が流通していることがわかる。

夜明け前、市場にはセリにのぞむ仲買人たちの威勢のいい声が響き渡る。セリが終わった後はモートラと呼ばれる小型トラックやフォークリフトがけたたましく行き交うなか、小売業者や飲食店の店主たちの〝いい魚〟を目指した真剣な目があちらこちらで光る。

長浜鮮魚市場

通常、一般の人は立入禁止だが、毎月第2土曜9〜12時は「市民感謝デー」として一部を開放。新鮮な魚介の販売、魚介料理の販売、本マグロの解体ショーなどが行なわれる
福岡市中央区長浜3-11-3 TEL092-711-6414

博多港の歴史

博多は昔から天然の良港であり、古くは大宰府の外港、日宋貿易や日明貿易の拠点としても栄えた。平安時代には平清盛が日本初となる人工港「袖の湊（そでのみなと）」を整備。政治や経済にも大きく関係していた

『ごまさば』は、ごく簡単に言うとサバの刺身を醤油をベースにしたタレとすりゴマで和え、ワサビなどの薬味を添えた料理。焼酎のつまみとしてもごはんの友としても博多で愛されている郷土料理だ。傷みやすい魚のため、全国的にサバを生で食べることはほとんどなかったが、サバの刺身も『ごまさば』も博多の人にとっては昔からごく当たり前のもの。博多では新鮮なサバが流通していたからだ。新鮮なサバは腹が白く光り、瞳が墨で書いたように真っ黒で白目と黒目がはっきりしている。水深40～50 mのところに生息しているため熱に弱く、空気に触れても鮮度が落ちるので、鮮度の管理が難しい魚でもある。冷蔵技術や輸送手段がなかった昔はサバの価値は低かったが、今は博多のサバを北海道に飛行機で輸送することなどもあるそうだ。

「長浜鮮魚市場」に水揚げされるサバは朝鮮半島の南西に位置する韓国の済州島《チェジュド》近海で獲れるものがほとんど。同じサバでも大分の特産として知られる『関さば』とは味わいが異なるが、脂がのってこってりとした身が『ごまさば』に向いているのだという。一年中、サバは獲れるが、海水の温度が低い秋から春先までが特に脂がのって美味しい時期だ。ちなみに、腹の部分にゴマ模様がある〝ゴマサバ〟という種類のサバもいるが、『ごまさば』に使うのは〝真《ま》サバ〟。〝ゴマサバ〟は身がやわらかく干物や唐揚げにすると美味しいが、『ごまさば』には向いていないようだ。

飲食店では、タレがよくからむように刺身とは違うそぎ切りにしたり、タレの作り方や和え方を変えたりと独自の『ごまさば』作りに工夫をこらしている。「海鮮居酒屋 はじめの一歩」の『ごまさば』は見た目にも美しい一皿だ。

関さば

大分県と愛媛県の間にあたる豊後水道で獲れ、大分市の佐賀関（さがのせき）に水揚げされる『関さば』。潮の流れが速い場所に生息するため、身がとても引き締まっていること、体が金色をしていることが特徴だ

右頁／「その日の食材とお客様の出会いは一期一会。いつも最高のパフォーマンスで料理したいですね」と田中さん　左頁／食べるのがもったいないほど美しい『ごまさば（3人前）』3280円。2人前は長皿で2480円

人気のお店
世界一
はじめの一歩
ガッテン！

タレがよくからむように、サバの状態によって変わる切り身の厚さ

花のように美しく盛り付けられたサバの身に特製のタレを注ぎ、たっぷりのゴマとネギを散らした『ごまさば』。タレがからんだ身でゴマとネギを包むようにして食べると、サバの旨味、ゴマとネギの風味、タレの甘みが重なり合う。サバの歯ごたえも楽しみの一つだ。「今、サバは対馬の漁師さんから直送していただいています。身が締まっていて、ほどよく脂がのったサバです。身を切ると細かいサシが入っているのがわかりますが、サバの脂は上質で、ギトギトはしていません。口の中でとろけていくような感じですね。いつでも獲れて美味しいのですが、特にいいのは寒い時期。身の幅が大きくなって、頭がとんがってきて、腹がふくれてくると脂がのってきたサインですね」と「海鮮居酒屋 はじめの一歩」の店主・田中龍一《たなかりゅういち》さん。美味しさの秘密はサバの品質だけではなく、料理人の腕にもかかっている。「タレがよくからむように身は三枚におろしたあとでそぎ切りにしますが、サバの状態によって、厚さを微妙に変えているんですよ」。タレのからみ具合は切り方によって変わり、刺身とは一味も二味も違う味わいとなる。

『ごまさば』は焼酎のつまみはもちろん、〆の一品としても楽しめる。「ごはんの上にのせて特製出汁をかけた『ごまさば茶漬け』も美味しいですね。大人の味かなと思うんですが、ごはんにもよく合うので子どもさんもよく食べられますね」。座敷や個室もあり家族連れも多いという同店。博多でその味を知った子どもたちは、舌の肥えた大人となり、いつの日か焼酎と合わせる喜びに気が付くのだろう。

海鮮居酒屋 はじめの一歩

福岡市博多区博多駅前3-7-15
TEL 092-471-1850
月～金曜11:30～14:00／17:30～24:00
土曜11:30～24:00／日曜・祝日11:30～23:00
無休（年末年始を除く）

左上／店頭には生簀があり、イカをはじめとした活き造りも食べられる　右上／『ごまさば』と並んで人気メニューの『ごまかんぱち』1140円～（写真は3人前2940円）　下／『ごまさば』に魅了された著名人のサインも多数

SOUL FOODS

11

Fukuoka City

博多明太子・いわしめんたい

「ふくや」の『味の明太子』。品質の高い原料を使うことで魚臭さを取るための調味料を使う必要がなく、食べ飽きしない味を作り出している。創業当時のものより塩分濃度が低いなど変化を続けている

『ふくや』創業者・川原俊夫が礎を築いた博多を代表する名物『博多明太子』

『博多明太子』の歴史は平成29年に創業70周年を迎えた老舗「ふくや」の創業者・川原俊夫《かわはらとしお》さんを抜きには語れない。平成30年には川原さんをモデルにした博多華丸さん主演の映画『めんたいぴりり』が公開されているほどだ。

川原さんは大正2年、韓国・釜山《ぷさん》市生まれ。釜山には明太《ミョンテ》（スケトウダラ）の卵をキムチ漬けにしたような『明卵漬《ミョンランジョ》』というものがあり、少年時代から親しんでいた。戦後、福岡に妻・千鶴子さんと帰国した川原さんは、25軒の商店が軒を連ねる中洲市場の一角で昭和23年に食料品店「ふくや」を開店する。日々の仕事の中で『明卵漬』を商品にしようと考えるが、そのまま再現しても日本人の口には合わない。試行錯誤を繰り返し、翌年1月10日、『味の明太子』が店頭に並んだ。

川原さんが目指した理想の味は、プチプチした歯ざわり、唐辛子独特の辛味、ほどよい塩味、すべて渾然一体となった芳醇な味だった。たらこをカツオ節、昆布、唐辛子などをブレンドして作った調味液に漬けて熟成させるという『明卵漬』とは違う作り方は、川原さんが編み出したもの。原料のたらこや唐辛子の調達に加え、調味液作りに一番苦しんだと記録に残っている。浅い円筒形のガラス瓶に入れて店頭に置かれた『味の明太子』は、サンマ1匹10円の時代に100g120円。当初はなかなか売れなかったようだ。

西鉄ライオンズ

西鉄が経営していたプロ野球球団であり、埼玉西武ライオンズの前身。稲尾和久らを擁した1956～1958年に黄金期を迎え、日本シリーズ3連覇を達成した。各選手にひいきの明太子があり、移動中のつまみにもしていたようだ

唐辛子

明太子の辛さに川原さんが求めたのは、マイルドでキレがいい風味と旨味。1932年創業の「甘利香辛食品（あまりこうしんしょくひん）」と共同で研究を重ね、味わいと使いやすさを兼ね備えた微粉唐辛子を作り上げた

苦戦の時代は続いたが、川原さんには「美味しいものは必ず売れる」という信念があった。徐々にファンは増え、黄金期を迎えた西鉄ライオンズの選手たちにも愛された。転勤族や出張で福岡を訪れた人々の評判もあり昭和30年代後半からブレイク。昭和50年には山陽新幹線岡山〜博多の開通などもあり、「ふくや」は全国で知られるようになり今に至る。昭和32年に作られ〝f〟の文字が印象的な今も変わらない包装紙が全国を席巻した。

川原さんは製法特許の取得などは行なわなかった。逆に作り方や材料の仕入れ先を希望する人には誰にでも教えていた。ただし、調味液の味付けだけは教えなかった。それぞれの店が独自の味を作り出せばより多くの好みに対応でき、明太子がより広く普及すると考えたからである。その想いがあったからこそ、博多では多様な明太子が生まれ、博多の名物として全国に広がっていったのだ。

そして、川原さんの言葉を肝に銘じる「ふくや」の味も進化を続けている。その言葉とは、「今はこの味だが、味は守るな。常に進化させろ。時代とともにお客様の味覚も変わる。常に発展、変化しなければお客様を満足させることはできない。最初に作ったからとか売上が一番だからといってナンバーワンではない。その時代が求める一番美味しい明太子を作るメーカーがナンバーワンなんだ」

昭和55年、享年67歳で逝去した川原さんは、その直前まで自ら帳簿をつけていた。「商売はしっかりと利益を出さなければならない。しっかり納税しなければならない。そして、社格とは出した利益をどのように使うかで決まる」。焼け野原となった日本を立ち直らせるために多くの納税をすることが、川原さんの生涯の目標であった。

作り方の伝授

ある時、中洲市場の入り口付近にあった「いとや」と「むかい」から「お客さんがよく間違って来るので『ふくや』の明太子を売りたい」と相談があり、川原さんは「では自分で作ればいい!!」と惜しげもなく作り方を教えたという。

美味しい明太子の秘密は、確かな素材と人の目と手の力にあり

「ふくや」の明太子作りを誰でも見学できるのが、「博多の食と文化の博物館 ハクハク」。まずはパネルで味付け工程の前までを説明。原料のスケトウダラの卵は鮮度を保つために船上で腹から取り出して冷凍保存すること、一度塩蔵して塩たらこにすること、そこから厳しい検査をクリアした塩たらこだけが明太子の材料になることなど、材料に関しての徹底したこだわりがわかる。

その後の工程はガラス越しに見学。漬け込み用のタレ作り、タレかけ、唐辛子ふりかけと、工場とはいえ手作業が多いことに気がつく。一本一本状態が違うたらこを扱うには、目視や感触で確かめることが必要となるからだ。温度0度の熟成庫で熟成した後、計量して決められた重さになるようにして密封。ここでも人の手が担う部分が大きい。計量のベテランは見ただけで重さがわかるのだという。漬込室と計量室はクリーンルームで、温度・湿度、チリ・ホコリが徹底管理されており、チリ・ホコリの量は手術室や集中治療室に匹敵するレベルだ。「大切な人にすすめられる『味の明太子』を作ること。それが一番大事ですね」と工場長・本町聖一《もとまちせいいち》さんは熱く語る。

ビュッフェスペースでは明太子を使った様々な料理が食べられるが、やっぱり食べたいのは白ごはんと明太子！ ごはんの甘みが明太子の塩味、旨味、辛味を引き立てたり、その逆になったり……シンプルにして一番美味しい食べ方だ。かつては保存のために酒やミリンが使われていたが『味の明太子』では現在未使用。雑味のない味わいに食が進む。

博多の食と文化の博物館 ハクハク

福岡市東区社領2-14-28
TEL 092-621-8989
10:00～17:00（入館～16:30）
火曜休（祝日の場合は翌日）
入館料／大人300円

左上／明太子食べ放題のビュッフェ、明太子を使った様々な料理が食べられる　右上／子どもたちが見学に訪れ「へぇ〜」という声をあげていた。ハクハクは明太子以外にも福岡の歴史や文化を体感することのできる施設だ　左下／ハクハクのヒストリーコーナーでは当時の写真展示に加え、創業当時の「ふくや」の店頭を再現　右下／創業当時の包装紙をアレンジしたもの。「ふくや」の文字は千鶴子さんの手による

ふくや

「ふくや」の想い。変わり続けること、福岡の街を元気にすること。

「祖父・川原俊夫がすごいのは、苦労して考えた作り方を教えたのもさることながら、人のため世の中のために生きた生き方そのものです」。「ふくや」創業の地、福岡市中洲にある中洲本店で、五代目となる川原武浩《かわはらたけひろ》社長にお話をうかがった。「利益が出たら地域に還元するのは大切なこと。博多祇園山笠やアビスパ福岡の応援なども含め、地域が元気になっていくのが私たちの元気の元でもあります。地域に役立つ会社であり続けたいですね」

川原俊夫さんは、明太子を「珍味ではない、お惣菜である」と称していたというが、川原社長も子どもの頃から、明太子をごはんにのせて食べるのが大好きとのことだ。「お土産や贈答品によく利用していただいているため高級品に見えることもありますが、日々のお惣菜として食べていただきたいと思っています。食べ方を日々研究していますが、方程式を発見したんですよ（笑）。明太子の塩味、辛味、旨味に脂分が加わるとこれが旨い！　明太パスタや明太フランスパンもそうですし、調味料的な使い方もできますよね。この方程式から生まれたのが明太子とツナを合わせた弊社の『めんツナかんかん』です」

韓国にルーツをもつ明太子は、韓国から訪れた観光客が福岡土産にするほどにまでなった。時代に合わせた減塩明太子や、使いやすいチューブに入った商品、他の食材と和えたもの、他の食品とコラボしたものなど、基本の明太子を追求するとともに、これまでに多くの商品が生まれている。しかし、川原社長は歩み続けている。「まだまだ完成なんかしていません。変わり続けていきますよ」

上／博多祇園山笠を愛する山のぼせでもある川原社長の想いはいつも「地域のために」。地域で行なわれているイベントや活動に積極的に参加しているスタッフも多いそうだ　下／九州一の歓楽街・中洲にある「ふくや 中洲本店」は平日24時まで営業

ふくや 中洲本店

福岡市博多区中洲2-6-10
TEL 092-261-2981
8:30〜24:00
（日曜・祝日9:00〜19:00）
無休（1月1日〜3日を除く）

バラ子を無駄にしたくないという願いがイワシと出会った奇跡

明太子を作る時、皮が破れてしまい中から出てしまうバラ子と呼ばれる明太子の粒がある。それを無駄にしないため、昭和58年に「ふくや」では数の子と和えた『数の子明太子』という商品が生まれている。やがて福岡で生まれた『いわしめんたい』もバラ子を無駄にしないための商品。頭と内臓を取り除いたイワシの腹の部分にバラ子を詰め込み、軽く焼いてから食べる。つまみにもおかずにもなる一品だ。

「サバでもサンマでもなく、イワシというのが絶妙ですね。明太子にはイワシの脂が一番合うみたいです。ちょうどいいサイズ感にもそそられますよね（笑）」と『いわしめんたい』を語ってくれるのは半世紀以上の歴史をもつ「ひょうたん寿司」の店主・山田幸嗣《やまだこうじ》さん。値段が明確に書かれた握り寿司以外の一品メニューも豊富で、『ふくや』の明太子をベースにした『いわしめんたい』も自慢だ。「明太子はそのままでも食べられますが、イワシは生なので、焼き方がなかなか難しいんですよ。ゆっくり焼かないといけないし、焼きすぎてもだめですからね」。ほどよく焼かれた『いわしめんたい』を食べると、こんがりと香ばしい皮と脂がのった身の香りがふわり。身の甘さとレア状態な明太子の塩味とピリ辛が調和する。それぞれを別に食べても美味しいものが重なる贅沢な味わいだ。「キリッとした喉越しの焼酎と合わせれば最高でしょう（笑）」

「ひょうたん寿司」では、『明太子のだし巻玉子』や『明太子の磯部揚げ』もぜひ食べたい一品。福岡を歩けば、明太子を利用したメニューがまだまだ見つかるはずだ。

ひょうたん寿司

福岡市中央区天神2-10-20
TEL 092-722-0010
11:30～OS14:30／17:00～OS21:00
無休

左頁／『いわしめんたい』580円。ぱくりといくのもよし、ちびちびと食べながら飲むのもよし。美味しさの秘訣は、焦がさないようにじっくり焼くこと。焼き上がりが近づくと香ばしい香りが漂う

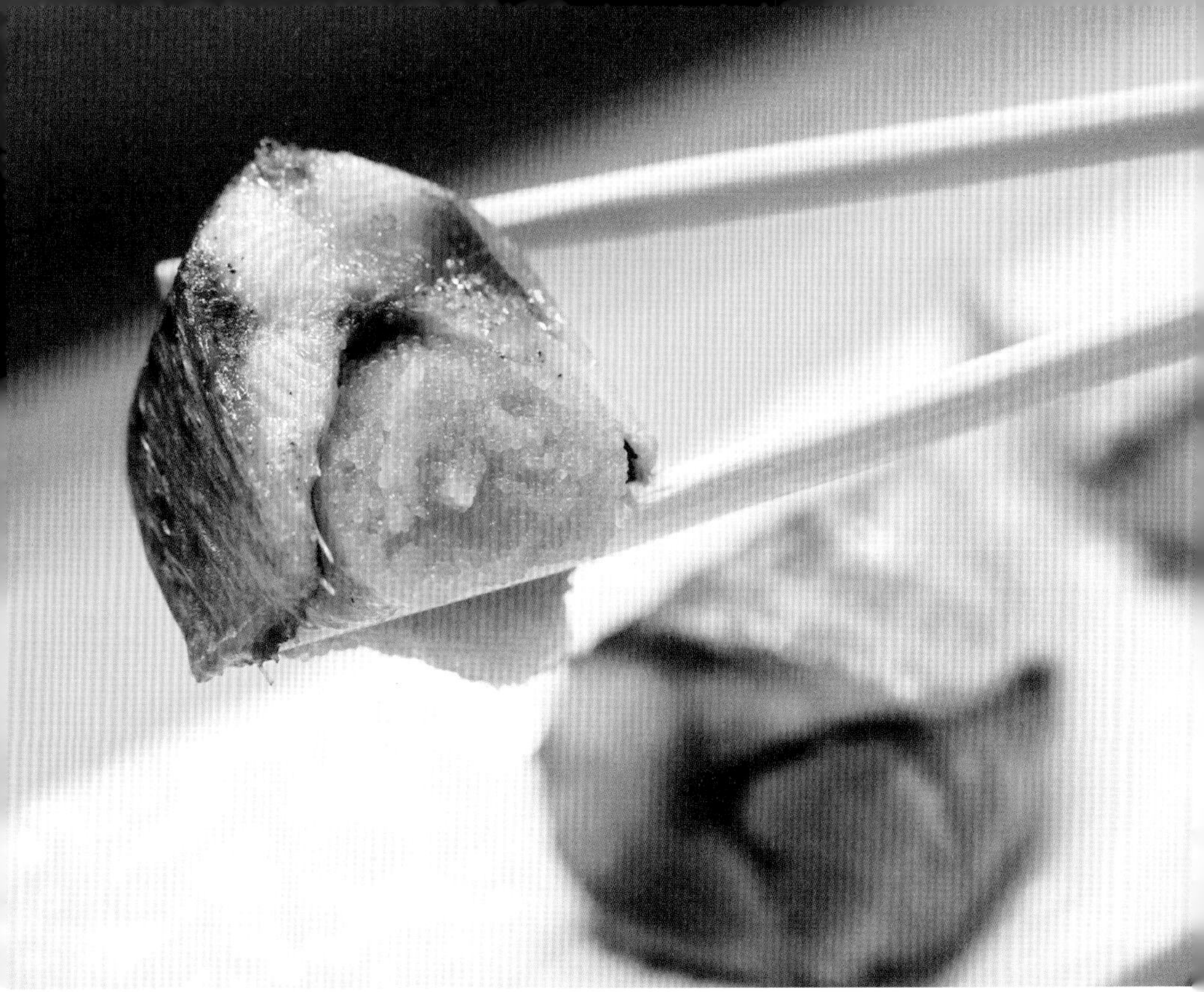

SOUL FOODS 12

ごぼう天うどん

Fukuoka City

右頁／「因幡うどん」の『ごぼう天うどん』455円　左頁／「因幡うどん 渡辺通店」の森口さん　※空港店、ソラリアステージ店（天神）、博多デイトス店（博多駅）などでも食べられる

老若男女に愛されるやわらかなうどん
ごぼう天と味わい深いツユと一緒に

博多といえばラーメンを思い浮かべるが、実は古くからうどん文化も花開いている。鎌倉時代に創建された承天寺《じょうてんじ》には〝饂飩蕎麦発祥之地《うどんそばはっしょうのち》〟という石碑が立っているほどだ。

伝統的な博多のうどんの最大の特徴は麺がやわらかいこと。それは、生麺をいったんゆでておき、注文が入ったら温めてすぐに出すゆで置き麺のスタイルをとっているから。古くから商売が盛んな商人の町だったこともあり、せっかちで待つことがあまり得意ではない博多っ子に合わせているのだ。あまり噛まなくても飲み込みやすく、素早く食べられるという利点もある。老若男女に愛され、風邪気味の時に食べたくなる人も多い。

昆布やカツオ節に加えてイリコやサバをたっぷりと使う味わい深いツユも特徴。そして代表的なトッピングが博多では〝ごぼ天〟とも呼ばれる〝ごぼう天〟。薄切りをかき揚げにしたもの、ささがきをかき揚げにしたもの、短冊切りを揚げたものなど形は様々だが、すり身を丸くして揚げた〝丸天〟と並ぶ人気のトッピングだ。「初めて行ったうどん店では、まずごぼう天うどんを食べてみる」というのが博多のうどん通だ。

近年、博多でも讃岐うどん的なコシのあるうどんを出す店が増えたが、老舗うどん店は変わらずにやわらかな麺を提供している。昭和26年創業の「因幡《いなば》うどん」もそんなうどん店。外から見ても風情ある趣だ。

承天寺（福岡市博多区）

聖一国師（しょういちこくし）が開いた禅宗寺院。宋で修行をした聖一国師が1241年に帰国した際、水車を使い石臼を回して粉を挽く機械の設計図「水磨の図（すいまのず）」を持ち帰った。この機械により、製粉技術が普及し、麺食文化が広まったといわれている

上／暖簾には店のロゴマークと創業者・杉正男さんの〝杉〟の字がデザインされている　左下／トッピングのごぼう天、えび天などが並ぶバット。一番人気のごぼう天はたくさん用意されている　右下／口が小さいとっくりは水分が逃げにくくツユの味が変わらない

幡うどん
因幡
うどん
因幡うどん

因幡
うどん

カリッと衣、シャキッとゴボウ、麺はやわやわ……旨い!!

「いっちょう〜」。『ごぼう天うどん』を注文すると〝看板娘〟の森口由紀子《もりぐちゆきこ》さんが厨房に向かって声をかける。訪ねたのは「因幡うどん 渡辺通店」。天神一丁目付近に創業した店は今はないが、当時の風情を一番感じさせてくれるのがこの店だ。小さなテーブルで相席になることもしばしばの昔ながらの店内は、昼食時ともなれば会社員でにぎわう。ランチタイムはセルフサービスだが、それ以外の時間帯は席に座って注文する。

温め直された麺が丼に入れられ、とっくりで湯煎されているツユが注がれる。森口さんが丸いごぼう天をのせるとできあがり。注文から食べ始めるまで1分とかからない。テーブルに置かれ丼に盛られているネギを自分で入れて食べる。やわらかい麺にまろやかで奥深いツユがよくからむ。初めはカリッと軽い食感のごぼう天は、衣にツユが染みてやわらかくなっていくが、ゴボウのシャキシャキ感はいいアクセント。衣と一緒に味わうツユも旨い。「讃岐と違って麺のコシはないよね。でも、それが美味しい（笑）。ツユが自慢なので全部飲んでいただいて、『おばちゃん、うまかったー』と言われるのが一番うれしいですね。二日酔いで『ツユだけ飲ませて』という人もいましたよ（笑）」

ツユを飲み干すと丼の下に〝因幡うどん〟の文字が現れた。森口さんがより笑顔になる。今日食べても、また明日も食べたくなるやわらかなうどんには、安堵感を感じさせる力があるのかもしれない。「毎日『ごぼう天うどん』を食べにきてくださる方もいるんですよ。私でも、よく飽きないなぁと思うことがありますけど（笑）」

因幡うどん 渡辺通店

福岡市中央区渡辺通2-3-1
TEL 092-711-0708
10:00〜23:00（土・日曜・祝日〜20:00）
無休（1月1日・2日を除く）

上／ツユの味によく合う『かしわ飯にぎり』2個200円は、1個からでも注文できる。『いなり寿司』は2個137円　左下／入口の右横にかけられた木の看板は創業当時のもの。味わい深い文字が歴史を感じさせる　右下／丼の底に書かれた文字を見ると、満足感もひとしお

SOUL FOODS 13

Fukuoka City

水炊き

スープを飲んでから、やわらかな肉を鶏の旨味と滋味にあふれた博多の鍋

明治時代に生まれた『水炊き』は、博多を代表する鶏料理。骨つきのぶつ切り鶏肉を〝水から炊く〟ことでベースとなるスープを作ることから、その名がついたといわれている。余分な脂とアクをとりながら丹念にスープ作りは行なわれる。

まずは運ばれてきた鍋のスープを器にとり、塩と小ネギを加えていただくのが博多の『水炊き』のならわし。スープそのものに味がついているいわゆる鶏鍋とは違うのだ。それからスープをとるのにも使ったぶつ切り鶏肉、下味をつけた鶏ミンチ、野菜などを加えてポン酢で食べる。ぶつ切り肉は箸で簡単に骨から外れてやわらか、鶏ミンチはジューシーでふわふわ。ポン酢がもつ柑橘類の酸味と甘み、ピリッと辛い薬味の柚子胡椒とよく合い、『水炊き』ならではの鶏の旨さを感じることができる。鍋料理だが白菜ではなくキャベツが使われるのも特徴で、白菜のように水分を出さずにスープの旨味が染み込んでいくキャベツの甘みにも新たな発見がある。

すべての具材の旨味が凝縮したスープは一滴たりとも残すのはもったいない。最後にごはんや溶き卵を入れて作るおじや（雑炊）も最高のごちそうとなる。コラーゲンたっぷりのスープは美肌にも効果がありそうだ。その証拠に、いつもスープの味見をするからか『水炊き』を提供する店主の肌はみんな艶やか……。

柚子胡椒

かつては九州の山間部の家庭で作られていた調味料。柚子の皮、胡椒（九州で唐辛子のこと）、塩をすり混ぜて作られる。柚子や唐辛子の収穫の時期、分量、すり混ぜ方などで味わいが異なる。華やかな柚子の香りとピリッと舌を刺激する辛さが料理をより味わい深くする

「元祖博多水たき 水月」のコースは5300円〜。1階は小上がり席、2階は完全個室で『水炊き』を食べられる。もも唐揚げ、肝甘露煮といった一品料理もあり

『水炊き』はスープ料理。刻々と変わるスープを3度は味わいたい

明治38年創業の「元祖博多水たき 水月《すいげつ》」。長崎生まれの初代・林田平三郎《はやしだへいざぶろう》さんは明治30年に香港に渡り、西洋料理と中華料理を学ぶ。帰国後、西洋のコンソメと中華の〝鶏を炊き込む〟技法をミックスさせて『水炊き』の味を生み出した。博多の『水炊き』の歴史が始まった店で、現在その味を守るのは三代目・林田三郎《はやしださぶろう》さんだ。

「鶏肉は炊きすぎると旨味がすべてスープに出てしまって肉自体が美味しくなくなってしまいます。また、ほどよく炊いた後に火を止めてそのまま置いておくと鶏肉がやわらかくなるんです。繊維がくずれてやわらかくなるという科学的根拠もあるようですが、初代は研究してこのやり方に至ったのですからすごいですね。炊き方、キャベツを入れること、ダイダイを使ったポン酢で食べること……。初代が考えた味を私たちは守っています。アレンジする必要はないようですね（笑）」。手搾りしたダイダイを1年寝かせてから作るポン酢は深い甘みをもち、鶏肉をより美味しく食べさせてくれる。

鍋料理というイメージの『水炊き』だが、それだけではないことを林田さんが教えてくれた。「『水炊き』はスープ料理でもあるのです。スープに味がついていると煮詰まっていきますが、『水炊き』のスープは具材の旨味が凝縮していくだけです。初め・中頃・終わり頃と、スープを3回飲んでいただくことをおすすめします」

創業から100年以上。変わらない味を求めて今も多くの人が訪れる。「何度食べても美味しい味を守っていきたいと思います。新しいものは要らないですね（笑）」

元祖博多水たき 水月

福岡市中央区平尾3-16-14
TEL 092-531-0031
17:00～OS20:30
月曜休（祝日の時は火曜休み）

上／使われるのは九州産の3～4ヵ月の雄鶏のみ「若鶏だとコクが足らないし、成長しすぎると肉がかたくなります」
下／スープ作りは毎朝行なわれている

右頁上／食前酒ならぬ、“食前鶏スープ”から『水炊き』は始まる　右頁下／畳の下には、熟成中のダイダイの搾り汁が入った一升瓶が眠っている　左頁／「食べやすいのはもも肉ですが、私は首のところが好きですね」と林田さん

SOUL FOODS 14

Kurume City

久留米焼鳥

「串焼 ほたる川」の『ダルム』1本180円は味付けを選べるが、まずは塩焼きで!! チーズをのせた『チーズダルム』1本210円もおもしろい味わいだ

『ダルム』、『ヘルツ』、『センポコ』とは一体……？鶏肉だけではない『久留米焼鳥』

福岡県南部、広大な筑後《ちくご》平野が広がる筑後地方の中心都市である久留米《くるめ》市。松田聖子、チェッカーズと多くの著名人を輩出した街としても知られている。食の面では、昭和30年代に屋台のメニューから始まったといわれる焼鳥が有名で、周辺市町村との合併以前は人口1万人あたり焼鳥店の数が全国一であったほど焼鳥店の数が多い。

他県の方は不思議に感じることもあるようだが、焼鳥といっても素材は鶏肉だけではない。鶏、豚、牛、馬、魚介類、野菜、巻き物など串に刺して焼けば何でも焼鳥。そして『久留米焼鳥』の特徴はホルモン系のものが多いことと独特の名前で呼ばれているものがあること。白もつ（豚の腸）は『ダルム』、ハツ（鶏の心臓）は『ヘルツ』と呼ばれており、どちらもドイツ語で医学生が名付けたといわれている。久留米には大学病院などがあって医学生も多く、かつてはドイツ語が必須であったことに由来しているようだ。ドイツ語ではないが牛の大動脈を指す『センポコ』も医学生が名付けたようだ。

焼鳥を1本からでも頼めること（昔は2本単位でしか頼めなかった）、エノキやシソなどを薄切り豚肉で巻いた巻き物、箸休めにもなる酸味のあるタレがかけられたおかわり自由のキャベツなど、福岡県全体で当たり前になっていることも久留米の焼鳥店から始まったと言われている。いざ、焼鳥の聖地・久留米へ。

上／下ごしらえされた『ダルム』 下／原田さん（左）は「久留米焼きとり文化振興会」の副会長として「久留米焼きとり日本一フェスタ」の運営など焼鳥の普及に努めている

久留米の屋台

戦前から存在しており、最盛期には100軒以上あった。トンコツラーメンは久留米の屋台で生まれ、九州各地に広がり独自の変化をとげたといわれる。現在でも中心部で10数軒が営業しており、ラーメン、おでん、焼鳥などを提供

まずは『ダルム』でカリッとジュワッと。独特のクセと香りがやみつきに

訪ねたのは開店と同時に次々とお客さんが訪れる「串焼 ほたる川」。店主・原田憲一郎《はらだけんいちろう》さんは煙が立ちのぼる焼き台の前に立ち、今日も一串入魂。「久留米焼鳥の特徴は種類が多いこと。場所的に物流の拠点で畜産物も農産物も集まっていたこともあり、鶏肉だけではなくいろんなものを串に刺して焼いてます（笑）」

原田さんが手がける串も50種類以上にのぼるが、まずは久留米ならではの『ダルム』と『センポコ』をいただいた。「『ダルム』はやわらかくするために下ゆでするなど下ごしらえに手間がかかるんです。下ゆでの時に臭み消しのために野菜なども一緒に煮込むのですが、『ダルム』は基本的に塩焼きですから、独特のクセと香りが多少残るようにするのがポイントです」。10分ほどかけてじっくり焼かれた『ダルム』は表面はカリッと香ばしいが弾力があり、ジューシーな旨味が広がる。鶏皮に似た食感を感じるが厚みと濃厚さは別物だ。「『センポコ』は味というよりもコリコリとして弾力のある食感を楽しむ串。バター炒めにすることもありますね」。名前も食感もおもしろい串だ。その他にも焼酎に合う魅力的な串が揃っているが、メニューには一品物、刺身、もつ鍋と多彩な料理も並ぶ。「串物以外にもメニューがバラエティ豊かだというのも久留米の焼鳥屋の特徴ですね。焼鳥専門店というよりも居酒屋。いろんな料理があるので誰とでも行きやすいんですよ（笑）」

久留米の焼鳥店では、大人たちだけでなく食事をする家族連れの姿を見ることも多い。好まれる串の種類に違いはあれど、大人も子どももみんな焼鳥が大好きなのだ。

串焼 ほたる川

久留米市蛍川町1-8
TEL 0942-32-7400
17:30〜OS23:30
日曜休

『ダルム』の間に刺さっているタマネギも、特製のタレがかかったおかわり自由のキャベツもつまみになる味わい。結果、焼酎を飲み続けることになる

KYUAJI COLUMN 03

シュガーロード（長崎街道）

成金饅頭

明治時代から筑豊地方で愛され続けている、どら焼き風の白あん饅頭。地元の炭鉱王・貝島太助が名付けたといわれている

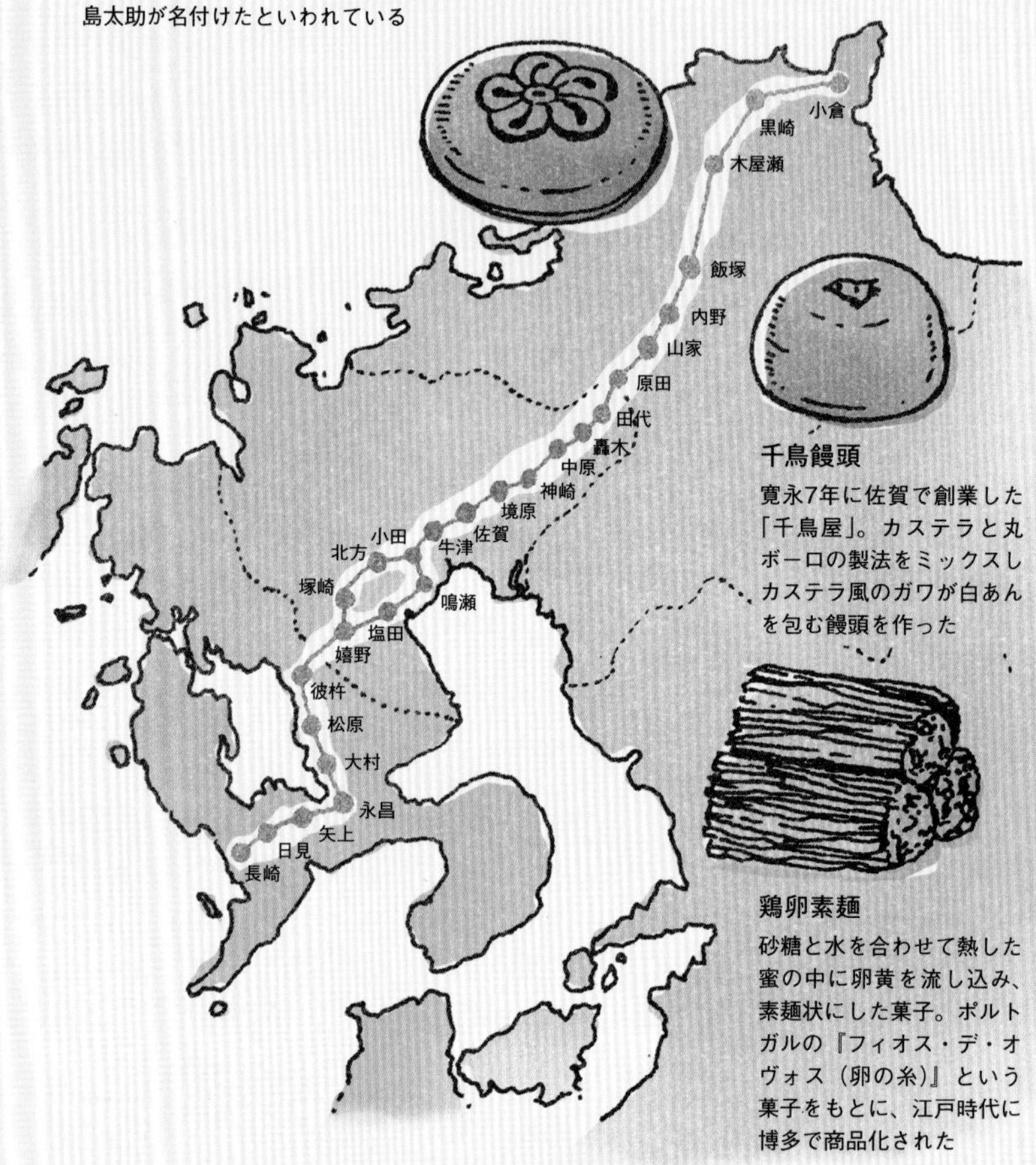

千鳥饅頭

寛永7年に佐賀で創業した「千鳥屋」。カステラと丸ボーロの製法をミックスしカステラ風のガワが白あんを包む饅頭を作った

鶏卵素麺

砂糖と水を合わせて熱した蜜の中に卵黄を流し込み、素麺状にした菓子。ポルトガルの『フィオス・デ・オヴォス（卵の糸）』という菓子をもとに、江戸時代に博多で商品化された

街道沿いには独特の菓子が！江戸時代から続く砂糖の物語

江戸時代、肥前国《ひぜんのくに》・長崎から豊前国《ぶぜんのくに》・小倉の57里（約230㎞）を25の宿場でつないでいた長崎街道。参勤交代、商人や旅人の往来でにぎわっていた。鎖国政策を行なっていた日本の世界への窓口だった長崎出島に届いた輸入品や海外情報も長崎街道を通じ全国に伝わった。

出島に陸揚げされた砂糖は、本来はすべて幕府に運ばれる決まりだったが、オランダ人が長崎奉行に贈ったり、長崎警備をする福岡・黒田藩と佐賀・鍋島藩は買い付けできる特権を持っていたことなどから、長崎街道沿いに砂糖が流通。同時に南蛮菓子とその作り方も伝わった。後に長崎街道がシュガーロードと呼ばれるようになった所以だ。

カステラ（長崎）、丸ボーロ（佐賀）、鶏卵素麺《けいらんそうめん》（福岡）など南蛮菓子をルーツにもちながらも、各地で個性的な菓子が誕生。福岡の筑豊地方では、仕事の疲れを癒すために甘い物を好んだ炭鉱マンたちのために生まれた菓子も多い。

KYUAJI COLUMN 04

黒田藩と鶏肉文化

福岡城址

初代藩主・黒田長政によって築城。別名「舞鶴城」と呼ばれる。平山城で天守閣はなかったと伝えられている（イラストは多聞櫓）

鶏石神社

鶏を祀る全国的にも珍しい神社で、鶏に関した仕事をする人の参拝も多い。温めた卵が孵るように、念願が成就するご利益があるといわれている

福岡人の鶏肉料理好きは黒田藩のピンチから生まれた!?

水炊き、焼鳥など福岡にはよく知られる鶏料理が数多くある。また、福岡市の1世帯あたりの鶏肉消費量は全国トップクラスだ。福岡で鶏肉文化が花開いている理由は江戸時代にまで遡る。

財政困難に陥った黒田藩（福岡藩）は立て直しのために、養鶏業・鶏卵生産を奨励する。養鶏業は宗像・糟屋エリアや筑豊エリアで盛んだったとのこと。インド原産の赤鶏を中国から輸入して卵の生産を始め、藩の特産品として大阪に出荷した。また、朝鮮通信使やオランダ人使節たちをもてなすために鶏卵・鶏肉の需要もあった。卵を産まなくなった鶏を食べていたことから、福岡で鶏食文化が盛んになったと考えられている。右頁で紹介している菓子も、砂糖とともに卵があってこそのものでもある。

「香椎宮《かしいぐう》」（福岡市東区香椎）の境内に、鶏（鶏石）をご神体にした「鶏石《けいせき》神社」があるのも、黒田藩で養鶏が盛んであったことに由来しているようだ。

協力／日本経済大学経済学部経済学科　竹川克幸教授

大相撲九州場所は、毎年11月に福岡国際センターで行なわれている

SOUL FOODS
15

Fukuoka City

あら鍋

右頁／五島から直送されたあらをさばく
「相撲茶屋 大塚」の料理長の末永さん
左頁／『あら鍋』は中居さんが仕切って
くれ、食べ頃を教えてくれる

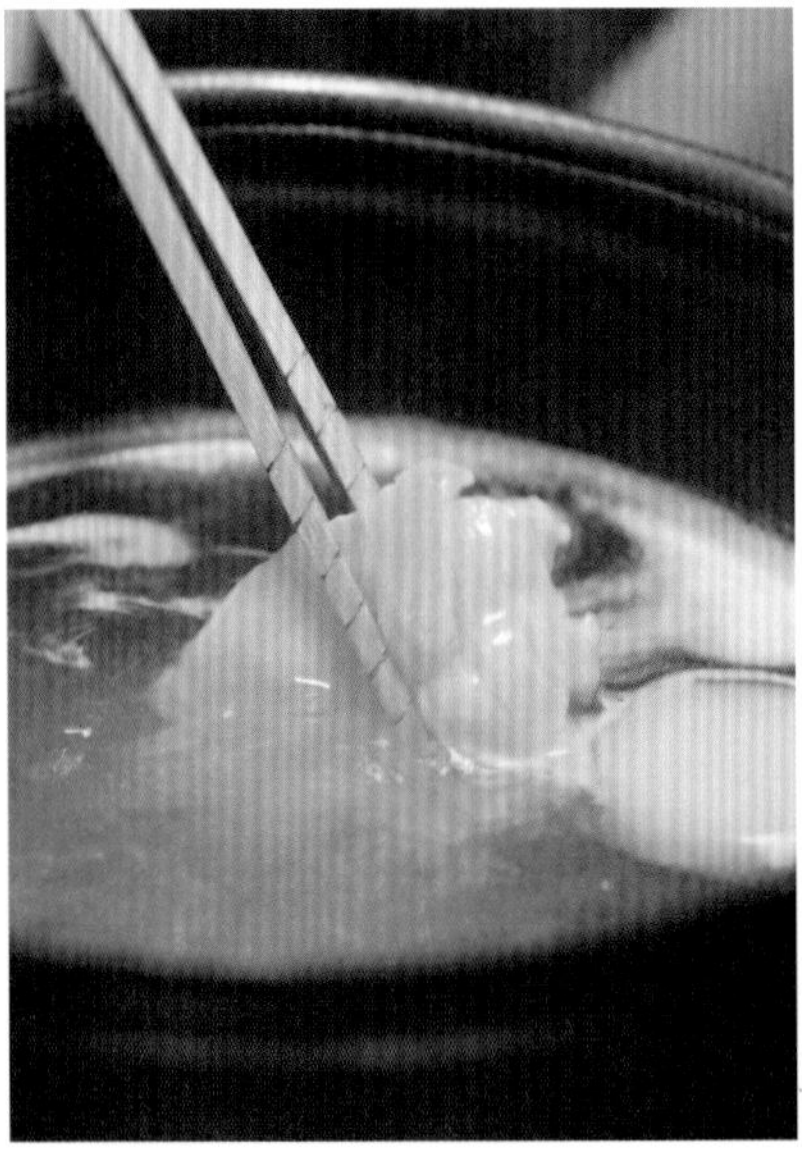

左上／『あら鍋』1人前6000円（写真は2人前）。骨付きの身の中には、シコシコとした食感をもつ希少な顎の部分が入っていることもある　右上／あらの黒い皮をはぐと中からは美しい白身が現れる。15〜20kgのサイズのものが、脂がのっていて美味しいとのこと　左下／『あらシャブ鍋』6000円。エンガワの部分につながっている極上の身は15〜20秒ほど湯通しすることでより旨味が増す。『あらのはら身』1枚2000円も魚好きなら食べておきたい一品　右下／『あら鍋』の最後のお楽しみの『スープかけごはん』

力士にも愛される幻の高級魚、あら。その旨味をすべていただく鍋料理

「そろそろ冬が近づいてきたな」。11月、「大相撲九州場所」のために訪れたマゲに着物姿の力士たちを見かけると博多っ子はそう思う。そして力士とも関係が深い魚、あらを使った博多の鍋料理が『あら鍋』だ。博多をはじめ九州では、あらは幻の高級魚とも呼ばれる。力士たちはあらを好むので、タニマチ（力士たちを支える後援者）たちが差し入れし、ちゃんこ鍋にしてよく食べられている。

「鉢巻をすると気合が入ります（笑）」と「相撲茶屋 大塚」の料理長・末永諭吉《すえながゆきち》さんは紅白の鉢巻をキリリと締めた。目の前に置かれたのは重さ20kgほどの立派なあら。包丁一本で手際よくさばいていく。「普通の魚はウロコ取りでウロコを取りますが、あらは皮をはぐようにして皮と一緒に取り除くんです。内臓を取り出して三枚におろしますが30分くらいかかるのでなかなか大変ですよ。身は刺身にしたり、しゃぶしゃぶにしたり、塩焼きにしたり。ウロコは唐揚げに、エラや胃袋もゆでて食べますし、中骨は出汁をとるのに使います。あらは捨てるところがない魚なんです」。営業時間中にあらをさばくこともあるので、運がよければあらの解体ショーを見ることができる。

『あら鍋』に使うあらはぶつ切りにした骨付きの身。出汁の入った鍋がぐつぐつとしてきたらあらと野菜を入れていい香りが漂うまで待つ。

あら

水深200〜300mに生息する深海魚。肉食でカニやエビ、特に伊勢海老が好物だ。九州近辺でよく獲れる魚で、福岡の近場（五島、平戸、対馬など）で獲れるあらは特に脂がのっている

新鮮で脂がのったあらをスープまで食べ尽くす。実は夏場も絶品

火が通ったあらの身は、特製のポン酢で食べる。あらの身と皮の間にはゼラチン質がたっぷりなので、身はプルプルとやわらかくて弾力がある。「骨からの身離れがいいのは新鮮な証拠です。『あら鍋』用のポン酢は身によくからむように、少し濃いめに作っていますよ。あらはとても脂がのっているのでポン酢が薄いと脂で弾いてしまうんです」。上品だが濃厚な旨味をもつあらの身には味的にも濃いめのポン酢がちょうどいい。

すべての具材を食べ終わったらスープを残さず食べられる雑炊にすることが多いが、こちらでは『スープかけごはん』も最高の〆の一品。「ごはんに自家製明太子をのせて、あらと野菜の旨味が溶け出したスープを注ぎます。濃厚ですがさらっと食べられるので、『おなかいっぱいでもう食べられない』と言っている方でもぺろりといきます（笑）。魚独特の臭みがないのも含め、新鮮なあらを使っているからできるスープです」

〝相撲茶屋〟という店名の通りにちゃんこ鍋が人気の店なのだが、『あら鍋』の人気も高まっていると、女将・大塚洋子《おおつかようこ》さんが笑顔で語ってくれた。「元々ちゃんこ鍋をやっていて、そこにあらの身を入れていました。そうしたら『あらの身を追加で』とか『あらだけ食べたい』という声もいただくようになり、『あら鍋』として提供するようになったのです。それに『あら鍋』は冬のイメージですが、あらは一年中獲れますし、夏場でも脂がのった美味しい魚なんですよ。ですから、夏場はちゃんこ鍋よりも人気になりますね（笑）。夏場はあらシャブまで付いたお手頃なコース料理もありますので、ぜひ（笑）」

左頁／BGMは相撲甚句（どすこい〜どすこい〜などの合いの手が入る囃子唄）。店内には土俵があったり、化粧まわしが飾られていたり、相撲文字がデザインされたマッチが置かれていたりと、相撲部屋気分を楽しめる。店を開いた大塚さんのご主人は、元力士だったとのことだ

相撲茶屋 大塚

福岡市中央区高砂1-19-3
TEL 092-531-9100
18:00〜OS22:00
日曜休（10〜3月は休みなし）

SOUL FOODS 16

Kitakyushu City

ぬか炊き

『ぬか炊き』と白いごはんは、小倉っ子に愛され続ける至福のコンビ。サバ、イワシといった魚がメインだが、他の具材ももちろん美味しい

ぬか床を加えた煮汁が青魚を極上の味に城下町・小倉で愛され続ける母の味

日本に古来より伝わる発酵方法であるぬか床。ぬか床にきゅうりなどの野菜を漬け込んで作るぬか漬けはよく知られているが、福岡県・小倉にはぬか床を調味料として使う『ぬか炊き』という郷土の保存食がある。江戸時代の初め、小倉藩主・小笠原忠真《おがさわらただざね》が前任地の信州・松本からぬか床を持ち込み、小倉でぬか漬けとぬか炊きが広まったといわれる。

ぬか床は、米ぬか、昆布、山椒の実、唐辛子などを使って新しく作ることも可能だが、小倉では嫁入り道具の一つとして母から子へと引き継がれ育てられてきたものも多い。戦争時も大切に守られ、材料を追加しながら数百年の歴史をもつぬか床もあるほどだ。

『ぬか炊き』によく使われる材料はイワシやサバなどの青魚。醤油・ミリン・砂糖などを合わせた煮汁で煮た後、ぬか床を入れてとろ火でコトコト。青魚特有の臭みは抜け、ぬか床の旨味が染み込んでいく。その旨味はぬか漬けを作るたびに野菜のエキスなどがぬか床に蓄積して生まれるもので、まったく同じ味わいは一つとしてないのだ。青魚の他にもゆで卵、こんにゃく、ちりめんやスペアリブなどの肉類を使った『ぬか炊き』も美味だ。一部の地域では『じんだ煮』とも呼ばれている。

取材に訪れた旦過市場《たんがいちば》は大正時代初期に生まれた〝北九州の台所〟。120軒ほどの食料品店が軒を連ね、ぬか漬けやぬか炊きを並べる店も多い。

ぬか床と乳酸菌

ぬか床には防腐剤の役目もする植物性乳酸菌が豊富に含まれており、その数は1gのぬか床の中に10億個ともいわれる。『ぬか炊き』にした魚が身も骨もやわらかくなる理由は、乳酸菌がタンパク質をやわらかくする作用をもつからだ

左頁／現在も昭和30年代に建てられた木造店舗が数多く残る旦過市場は全長180mのアーケード街。神獄川（かんたけがわ）の上にせり出した姿が印象的だ

魚町四丁目

白菜漬
300円
沢庵
380円

角こんにゃく

大切に育てたぬか床がなければ、美味しい『ぬか炊き』は生まれない

「うちのぬか床は私の母が嫁入り道具として持ってきたそうです。100年以上経っているので〝百年床〟と呼ばれています。でもね、古ければいいというものではありません。つねに野菜を漬けてあげないといけないし、混ぜて温度管理もしないといけません。手をぬくと傷んでしまいます。あまり過保護にしすぎてもだめで、発酵を信じてほったらかすことも必要で……子どもを育てるようなものですね（笑）」。お話をしてくださるのは「百年床・宇佐美商店」の宇佐美久子《うさみひさこ》さん。このぬか床あってこその『ぬか炊き』なのだ。

「ぬか床には唐辛子が入っているので手が痛くなる時もありますが、発酵食品ですから、毎日触れていると手がとってもきれいになるんですよ」と、現代表の雄介《ゆうすけ》さん。「『ぬか炊き』には青魚が合いますね。淡白な白身魚はぬかの味に負けてしまうんです。今はやっていませんが、サンマやアジの『ぬか炊き』も美味しいですよ。春限定のたけのこも合いますね。お客さんの中には、煮汁をたくさんほしいという方もいらっしゃいます。煮汁だけでもごはんが食べられますからね（笑）」

店頭にはサバ、イワシをはじめとした『ぬか炊き』やぬか漬けが並ぶ。こちらは飲食店ではないのでその場で食べることはできないのだが、「今すぐ食べたい」という気持ちが沸々。その時、丼ごはんを持った人たちが現れ、注文を始めるとごはんの上に『ぬか炊き』がのせられた。「すぐ近くの『大學堂《だいがくどう》』さんでごはんを買ってくるといいですよ。食べるスペースもありますから」

百年床・宇佐美商店

北九州市小倉北区魚町4-1-30（旦過市場内）
TEL 093-521-7216
10:00〜18:00
不定休

左上／『ぬか炊き』は大きな鍋でたくさん作らないと美味しくならないとのこと　右上／『ぬか炊き（サバは1切250円〜）』、ぬか漬け、ぬか床の材料などを販売　下／棹前（そーまい）昆布はぬか漬けの一つとして販売されるが、ぬか床の水分調整にも活躍

食べたい時が美味な時。旦過市場ですぐに『ぬか炊き』を食べる

旦過市場内にある「大學堂」は北九州市立大学の人類学ゼミに所属する大学生が運営するスポット。新しい街づくりのための文化拠点を目指し平成20年にオープンし、様々なイベントも行なわれている。ちゃぶ台が置かれている小上がり席やレトロな雑貨など、昭和の匂いを感じさせる1階が食事のできるスペースだ。

『大學丼セット』は白ごはんと味噌汁のセット。丼片手に旦過市場を巡り、自分の好きな具をのせてオリジナルの〝丼〟を作って食べてもらおうという趣向だ（丼を持って歩くのが恥ずかしい人は、各店で買ってきたものを持ち込んでもいいとのこと）。「百年床・宇佐美商店」に行きサバ、イワシ、ゆで卵、コンニャクをのせていただいて『ぬか炊き丼』が完成。青魚の臭みはまったくなくやわらかな身、甘みの中に山椒の香りと深い味わいを感じる。ゆで卵とコンニャクも他の料理では食べたことがない味だ。確かに煮汁だけでもごはんがどんどん進み、丼のごはんは足りなくなってしまう。ごはんにこれほど合うということは、焼酎にも合うのは推して知るべし。昼食として食べた焼酎好きは、土産として買わないわけにはいかなくなるだろう。

「小倉の人にとって『ぬか炊き』は母の味でもありますね」と久子さん。見た目の華やかさはないが、ずっと引き継がれてきた味。ぬくもりがあり、忘れられない味。老朽化が進んだ旦過市場は現在再整備計画が進んでいるが、今ならまだ、古きよき雰囲気が残る中で『ぬか炊き』と出会うことができる。

大學堂

北九州市小倉北区魚町4-4-20
（旦過市場内）
TEL 080-6458-1184
10:00〜17:00
水・日曜・祝日休

左上／味噌汁が付く『大學丼セット』350円のごはんの上に、「百年床・宇佐美商店」の『ぬか炊き』をのせたオリジナル丼　右上／ドリンクメニューもあり、買い物途中の一休みにも利用できる　下／オープンな店構えと右から書かれた古い書体の文字も味わい深い看板が目印

おたちより
大學丼 セット 300円
日替わり 汁もの 200円
挽きたて 珈琲 お菓子つき 300円
お抹茶 お菓子つき 300円
博士ラムネ 150円

大學堂
市場の達人講座
消火器

SOUL FOODS 17

Fukuoka City

博多雑煮

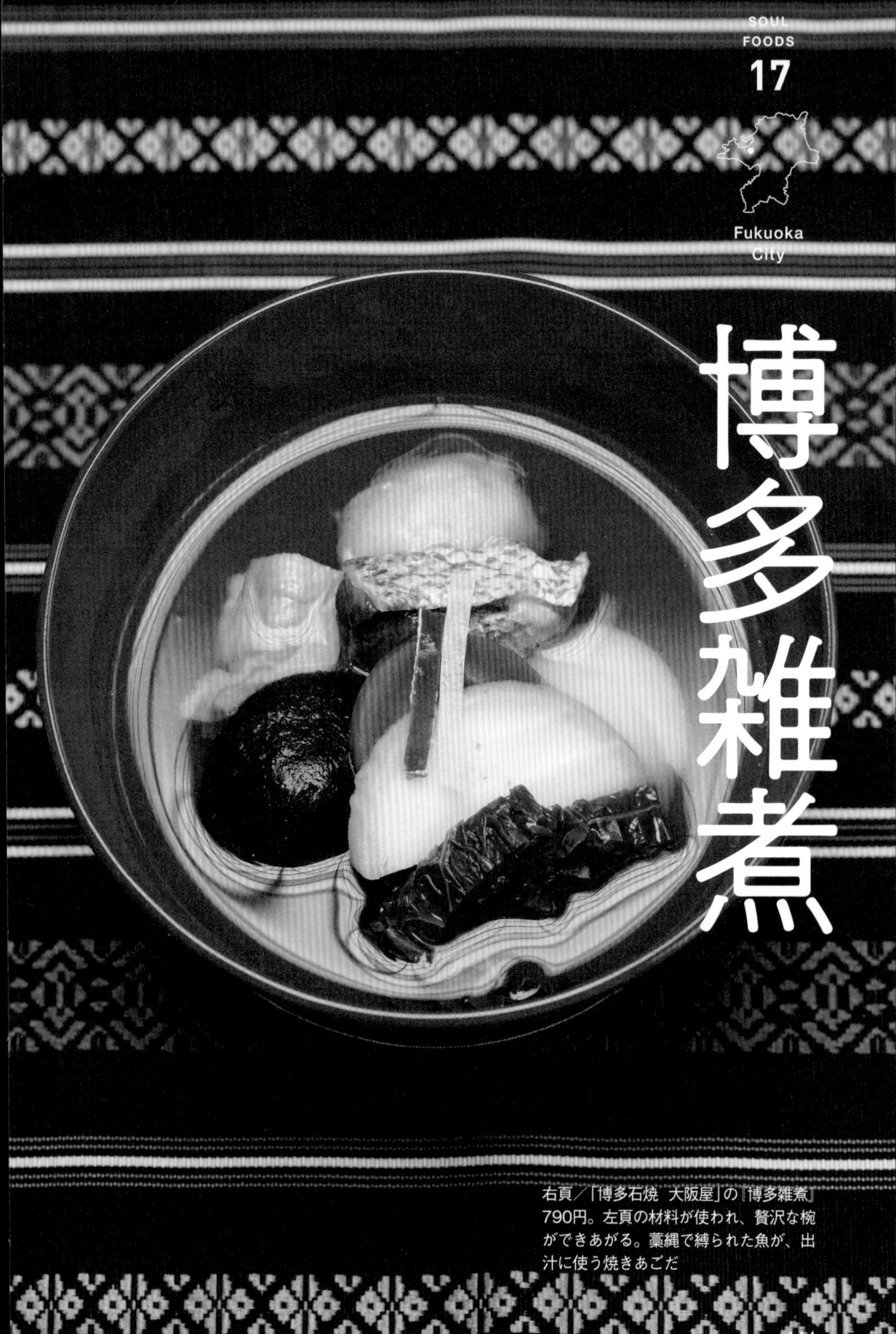

右頁／「博多石焼 大阪屋」の『博多雑煮』790円。左頁の材料が使われ、贅沢な椀ができあがる。藁縄で縛られた魚が、出汁に使う焼きあごだ

博多石焼
大阪屋
馬出のまげきん

酒は飲め、
のむならば
日の本一の
この槍を
のみとる程に
飲むならば

ブリ、かつお菜、あご出汁が欠かせない すまし汁仕立てで具だくさんの雑煮

「博多の雑煮はにぎやかです。商人の町の雑煮ですから、海の幸も山の幸も入っているんです。欠かせないのはブリの切り身とかつお菜（高菜の仲間で福岡地方独特の野菜）。ブリは名前が変わる出世魚ですし、かつお菜は、〝勝男菜〟と書き〝勝負に勝つ〟という意味があってどちらも縁起がいいものですね。そして、大きな特徴が出汁に焼きあご（トビウオを干して焼いたもの）を使うこと。焼きあご、昆布、シイタケの出汁を合わせ、塩、薄口醤油などを加えて整えるツユはとても贅沢ですね」。「博多石焼 大阪屋」の女将・西川《にしかわ》ともゑさんは「博多ごりょんさん・女性の会」会長も務め、博多の文化を育て伝えていく活動を続けている。「平安の昔より筑前の山里や玄海の島々で語り継がれる郷土料理『博多石焼』や、四季折々の郷土料理を提供しています。『博多雑煮』は一年中食べられますよ」

あらや鯛、鶏肉などが使われることもあるが、こちらの具材は、ブリ、かつお菜、シイタケ、サトイモ、ニンジン、カマボコ、丸餅だ。「縁起がいいように7種類なんです。餅以外の具材はそれぞれ下ゆでしたりして準備をしておき、昔は一椀分を串に刺しておきました。具材が多いので入れ忘れないようにするためと手間を省くためで、お客さんが多い商家の知恵。博多の伝統ですね」。かつては、ツユの入った鍋に具材の刺さった串を入れて一煮立ちさせ、別にゆでた餅を椀に入れ、串から外した具材をのせてツユを注いでいたのだ。

博多石焼 大阪屋

福岡市博多区中洲5-3-16
TEL 092-291-6331
月～金曜11:30～14:00／17:00～OS21:30
土・日曜・祝日11:30～OS21:30
無休

左上／大正15年創業の「博多石焼 大阪屋」。看板の文字も老舗らしく味わい深い　右上／博多の文化に詳しい西川さん　下／写真の1階は博多風居酒屋、2階は数寄屋風座敷、3階は大宴会場、4階は日本庭園が広がる茶室風座敷。一品料理からコース料理までメニューも幅広い

縁起のいいものを一つのお椀に入れ、みんなの幸せを願う椀

できあがった『博多雑煮』は色も鮮やか、澄んだツユは黄金色ですまし汁仕立て。あご出汁の香りとほのかな甘みの中に具材の旨味がからむ上品な味わいだ。いただいた雑煮には、7種類の具材の他に、細長く切ったスルメと昆布も入っていた。「本来は元旦だけに入れるもの。スルメは寿留女、昆布は子生婦とも書きますし、縁起物ですね。『博多雑煮』の椀の中には、新年を迎えたお正月にみんなの幸せを願う想いが込められているのです」。室町時代から始まったという説が有力な雑煮は、かつては正月だけではなく、おめでたい時や季節の変わり目に食べられていたといわれている。日本全国には様々な雑煮があるが、〝幸せを願う想い〟はどこも同じなのだろう。

さて、椀の中で鮮やかな緑色とシャキシャキとした歯ごたえを楽しませてくれるかつお菜は、カツオ節に似た味がするからその名が付いたともいわれる博多の伝統野菜。福岡市近郊では需要が多くなる年末の出荷に向けて生産されている。粕屋《かすや》町にある畑を訪ねると、鮮やかな緑色のかつお菜が大地から空に向かってのびていた。葉の縮れ具合が特徴的だ。「私たちは『縮みが効いている』と言ったりしますね。9月中旬くらいに種を蒔き、寒くなってくると縮れてきますが、立派な縮みのためには外側の葉をタイミングよく手でかぎとっていく（むしっていく）ことも必要になります。収穫も一枚一枚手作業ですね。縮みが多いほど高品質のかつお菜です!!」とJA粕屋の平田晃浩《ひらたあきひろ》さん。縮んだかつお菜の葉が店頭に並ぶと、博多っ子の心は年末へのはやる気持ちと新年を迎える喜びで高鳴ってくる。

かつお菜は11〜2月に収穫され、炒めたりおひたしなどにしても美味しいそうなのだが「雑煮で食べられることがほとんどで、年末が最盛期ですね」と平田さん

がめ煮

SOUL FOODS 18

Fukuoka City

醤油風味とほどよい甘さで具だくさん 正月料理にも欠かせない〝おふくろの味〟

「初めていらっしゃった方から『がめ煮って何ですか』と、尋ねられることは多いですね。筑前煮《ちくぜんに》と言うと、通りがいいようです（笑）」と「九州料理 ぜんざい」料理長・濱田将吾《はまだしょうご》さん。メニューには九州各地の郷土料理が並び、特に県外の方には〝博多らしい味〟として『がめ煮』をすすめることも多いそうだ。

『がめ煮』は一口大に切った鶏肉、ゴボウ、ニンジン、サトイモ、レンコン、コンニャクなどの素材を油で炒めてから、出汁に砂糖や醤油などを加えた煮汁でコトコトと煮込む料理。博多を中心に福岡県でよく食べられている。

遠い昔から海外との交易が盛んであり、日宋貿易や日明貿易でも栄えた博多。ナマズや鯉を唐揚げにして炒めた野菜を合わせて煮込むという中華料理が伝わり、それをアレンジした料理が『がめ煮』だといわれている。名前については文禄《ぶんろく》の役《えき》の時に、朝鮮に出兵した兵士がすっぽんを煮込んで食べたことから『亀煮』が『がめ煮』になったという説や、多くの具材を使うことから博多弁で〝寄せ集める〟という意味の「がめくりこむ」に由来するという説がある。福岡県北部はかつて「筑前国《ちくぜんのくに》」であり、そこで食べられる料理であることから、筑前国以外の場所では『筑前煮』と呼ばれるようになったようだ。博多では、『筑前煮』と言われると逆にぴんとこない人の方が多いかもしれない。

筑前国

大陸との交通の要所であったため、古くから海外とのつながりが深く、博多港は鎖国令が敷かれるまでは海外との重要な窓口だった。大和朝廷時代には大宰府（九州諸国を統轄した官庁）が置かれ西日本の中心となっていた

仕上げにネギなどの薬味をのせる「九州料理 ぜんざい」の『がめ煮』550円。一年中食べられるが、夏はサトイモを使わないなど季節によって具材が異なる

右頁上／鶏肉はぶつ切り肉が使われることも多いが、「九州料理 ぜんざい」では骨付きの手羽を使う。骨からもいい出汁が出るからだ　右頁下／開店前、明日のための『がめ煮』作りが行なわれる　左頁／煮込んでいる時、こまめにアクをとることも欠かせない

その時にある具材を好きな切り方と味付けで…これぞ家庭料理

元々はゴボウなど冬に旬を迎える野菜を使う冬の料理であり、博多の正月には欠かせないものだった『がめ煮』。今は素材がいつでもそろうので一年を通して食べられている。濱田さんが〝明日用〟の『がめ煮』作りを見せてくれた。切った具材を煮込めばいい簡単な料理のようにも思えるのだが……。「具材はそれぞれに下ごしらえしています。レンコンやゴボウは酢水につけてから、コンニャクは塩で揉んでからといった具合に、下ゆでの時間も具材ごとに違うんです。下ごしらえが終わったら、具材を油で炒めます。旨味を閉じ込めて煮崩れもしにくくなりますね。煮汁で煮込み、一晩置いたらできあがりです」

歯ごたえのいいゴボウやレンコン、ホクホクのサトイモなど、食感の違いも楽しめる具材には、醤油の風味とほどよい甘みが染み込んでいる。ほっとする感覚は、まさにおふくろの味。「お店で作る時は食べやすく一口サイズにしていますが、子どもの頃に家で食べていたのはもっと具材が大きかったですね。野菜がごろごろ入っているという感じでした（笑）。家で作る時もありますが、その時家にある材料を使います。シメジやマイタケを入れたりもするし、私はイモ好きなのでサツマイモを入れたりもします。それが家庭料理というものですよね」。『がめ煮』は家庭の数だけ味わいがある。

観光客には人気が高いという『がめ煮』、地元の方には？「常連さんや地元の方には『がめ煮』をすすめると『もう十分』みたいに言われることも多いですね。奥様が家でよく作られているようなんです。それにはかなわないかもしれませんね（笑）」

左上／メニューにはないが、お願いすれば『がめ煮の卵とじ』を食べることもできる　右上／福岡の味をはじめ九州各地の味を求めて暖簾をくぐる人が多い　下／1階カウンターに座って、濱田さんから話を聞く福岡の夜も楽しい

九州料理 ぜんざい

福岡市中央区清川1-11-8
TEL 092-522-0101
17:30〜OS24:30
無休

SOUL FOODS 19

Tagawa City

田川ホルモン鍋

石炭産業で栄えた街・田川を中心に炭坑マンたちに愛されたホルモン料理

筑豊《ちくほう》地方は、かつて日本のエネルギーを支えた石炭産業で栄えた。戦前の日本では最大の炭田であり、最盛期には国内出炭量の半分以上を担うほどだったという。筑豊地方の田川市を中心に、炭鉱で働く人々に食べられていたのが『田川ホルモン鍋』だ。

「当時は『とんちゃん』と呼ばれていたようで、私が子どもの頃も『とんちゃん』と呼んでいましたね。『とんちゃん』とは韓国語で内臓を表す言葉で、働きに来ていた韓国の人が作ったのが始まりのようです。スタミナがつくことから炭鉱マンたちに愛されていました。炭坑住宅（炭坑で働く人々の集合住宅）には購買があって、そこではホルモンが売られていました。炭坑住宅の跡地は市営住宅になっていますが、今でもその近くにはホルモン屋さんがあるんですよ。最近は『田川ホルモン鍋』と呼ぶようになって、焼肉のタレで下味を付けたホルモンと野菜を、真ん中がくぼんだ独特の形をした鉄板で料理します。昔、『平和食堂』という店があり、セメント袋（田川は石灰の産地でもあった）を鍋代わりに使っていました。鉄板が独特なのは、それを再現するための形だからです」と「田川ホルモン喰楽歩《くらぶ》」の金子和智《かねこかずとも》さん。金子さんは『田川ホルモン鍋』をはじめ、田川の魅力を広く伝えようと活動している。「美味しい鍋料理の最後には美味しい〆がつきものですが『田川ホルモン鍋』はたいてい〝二度〆〟ですね（笑）」。さて、〝二度〆〟とは……？

筑豊炭田

筑豊地方では15世紀後半に石炭が発見されたといわれている。遠賀川の水運を利用して江戸時代には大阪にまで流通していたようだ。明治以降、日本最大の炭田へと発展するが、1950年代から衰退していく。田川市では1970年にすべての炭鉱が閉山した

「朝日家」の『田川ホルモン鍋』1人前1750円（写真は3人前、キムチ、うどん、または小めしも付く）。焼肉を一通り食べた後に注文する方が多いそうだ

右頁／「三井田川鉱業所伊田坑」の跡地に整備された「田川市石炭記念公園」に当時の姿のまま残る2本の煙突　左頁／一番手前に見える2つの山は、石炭採掘の際に出た土を積み上げたボタ山。その奥は石灰岩を採掘するために上部が削れた香春岳（かわらだけ）

左上／キャベツ、タマネギ、ニラなどの野菜の上にかけるタレは、醤油ベースでショウガが効いた特製の焼肉のタレ。好みで鷹の爪、赤胡椒（唐辛子とニンニクのペースト）、キムチをのせて蓋をする　右上／味噌ダレを揉み込んだホルモンは、上ホルモン（牛小腸）、センマイ（牛第3胃）、並ホルモン（豚大腸）、コブクロ（豚子宮）の4種類。特注の鉄鍋にのせた時の音がたまらない　左下／「特に豚のホルモンは丁寧に洗う必要がありますね」と安山さん　右下／焼酎のつまみにもなるうどんは、〝〆のその一〟

ホルモンと野菜の旨味満点の汁をうどん、チャーハンで完食

「そんなに繊細な料理ではないですよ。おおざっぱ（笑）。鍋にホルモンのせて野菜のせて蒸し焼きにする感じです。昔の店の写真を見ると〝ホルモン、ジンギスカン、焼き鍋〟という文字があるので、当時からやっていたんだと思います」。昭和32年創業の焼肉店「朝日家」の三代目・安山宰祐《やすやまただひろ》さんに、老舗の味を作っていただいた。

まず、ピカピカに磨かれ中央がくぼんだ鉄板を温める。「しっかり熱くしないとホルモンを入れた時に味がぼやけるんで強火で10分くらいかかります。キムチもお付けしていて、鍋の具にもなるんですが、この10分間のつまみにもしていただいてます」。味噌ダレを揉み込んだホルモンを入れた時の〝ジュウッ〟という音を聞けば、焼肉で満腹になっていたとしても食欲が沸き起こるはず。たっぷりの野菜をのせ焼肉のタレをまわしかけて蓋をする。初めは野菜に支えられて高い位置にある蓋が、鉄板にくっついたらできあがりだ。食べてみると見た目よりもあっさりしている。「もつ鍋よりもあっさりしているとみなさんが言われますね。スープを使いませんから、ホルモンと野菜の旨味だけですね」。その旨味満点の汁をさらに楽しめるのがうどんだ。「〆なのにまた焼酎が進むんです（笑）」

うどんを食べてもさらに少し残る汁。そこにごはんと卵を投入！　おたまで混ぜて、おたまに入ったごはんを落とすために鍋をたたくと〝カンカン〟というこれまた美味しそうな音が店内に響く。香ばしいおこげも加わったチャーハンのような味わいに再び食が進む。これで2回目の〆。『田川ホルモン鍋』は〝二度〆〟をやらないともったいない。

川筋者（かわすじもん）

石炭輸送に使われた遠賀川沿いで暮らす炭鉱マンたちを称する言葉で、荒っぽいが情に厚く、潔い性格だった。宵越しの金は持たない気っ風のよさがあり『田川ホルモン鍋』などの外食産業も発展した。田川市は、人口あたりの飲食店の数が福岡県内で1位の時代もあった

朝日家

田川市魚町14-27
TEL 0947-44-2097
11:00～14:30（土日のみ）／
17:00～22:30
月曜休

交龍

九州一の歓楽街・中洲を流れる那珂川沿いには、多くの屋台が並ぶ

掲載店リスト

01 合馬のたけのこ（北九州市）

たけのこ料理 **合馬茶屋** ➲ P16

北九州市小倉南区合馬1187
TEL 070-2384-6639
10:10～限定食数終了まで
※2月下旬から5月の
ゴールデンウィークまで営業

02 シロウオ（福岡市）

日本料理 **とり市** ➲ P22

福岡市西区愛宕3-1-6
TEL 092-881-1031
11:30～22:00
不定休

03 一口餃子（福岡市）

旭軒 駅前本店 ➲ P30

福岡市博多区博多駅前2-15-22
TEL 092-451-7896
15:00～OS23:30
日曜休
※餃子が売切れたら終了
※川端店もある

鉄なべ であい橋店 ➲ P30

福岡市博多区中洲4-5-9
TEL 092-262-0488
17:00～OS24:00
日曜・祝日休
※中洲本店、福岡PARCO店もある

04 わけのしんのす（柳川市）

夜明茶屋 ➲ P38

柳川市稲荷町94-1
TEL 0944-73-5680
11:30～OS14:30／17:00～
OS21:30
火曜休（祝日の場合は翌日休）

05 鰻のせいろ蒸し（柳川市）

柳川藩主立花邸 **御花** ➲ P48

柳川市新外町1
TEL 0944-73-2189
11:00～OS14:30／17:00～OS20:00
無休
※料亭「集景亭」（3日前までの予約制）

06 あぶってかも（福岡市）

柳町一刻堂 春吉店 本館 ➲ P56

福岡市中央区春吉3-15-30
TEL 092-725-2215
18:00～OS翌1:30
不定休

07 あちゃら漬け（福岡市）

九州郷土料理 **蕨** ➲ P62

福岡市博多区博多駅前2-7-3
TEL 092-481-1265
17:00～24:00（土・日曜・祝日～22:00）
不定休

08 おきゅうと（福岡市）

林隆三商店 ➲ P70

福岡市東区箱崎2-13-5
TEL 092-651-7109
9:00～14:00
水・土・日曜・祝日休

日本料理 梅嘉 ➲ P70

福岡市東区箱崎2-10-12
TEL 092-651-2550
12:00～OS13:30／18:00～OS20:00
火曜休

09 もつ鍋（福岡市）

万十屋 ➲ P78

福岡市早良区田村1-12-10
TEL 092-801-4399
11:30～22:00
月曜休（祝日の場合、翌日休み）

もつ鍋 **二代目 楽天地** ➲ P78

福岡市博多区博多駅前2-8-12
THE BLOSSOM HAKATA Premier 2階
TEL 092-483-7700
11:30～OS23:30
無休

15 あら鍋（福岡市）

相撲茶屋 大塚 ➲ P130
福岡市中央区高砂1-19-3
TEL 092-531-9100
18:00〜OS22:00
日曜休（10〜3月は休みなし）

16 ぬか炊き（北九州市）

百年床・宇佐美商店 ➲ P136
北九州市小倉北区魚町4-1-30（旦過市場内）
TEL 093-521-7216
10:00〜18:00
不定休

大學堂 ➲ P136
北九州市小倉北区魚町4-4-20（旦過市場内）
TEL 080-6458-1184
10:00〜17:00
水・日曜・祝日休

17 博多雑煮（福岡市）

博多石焼 大阪屋 ➲ P144
福岡市博多区中洲5-3-16
TEL 092-291-6331
月〜金曜11:30〜14:00／17:00〜OS21:30
土・日曜・祝日11:30〜OS21:30
無休

18 がめ煮（福岡市）

九州料理 ぜんざい ➲ P150
福岡市中央区清川1-11-8
TEL 092-522-0101
17:30〜OS24:30
無休

19 田川ホルモン鍋（田川市）

朝日家 ➲ P156
田川市魚町14-27
TEL 0947-44-2097
11:00〜14:30（土日のみ）／
17:00〜22:30
月曜休

10 ごまさば（福岡市）

海鮮居酒屋 はじめの一歩 ➲ P90
福岡市博多区博多駅前3-7-15
TEL 092-471-1850
月〜金曜11:30〜14:00／17:30〜24:00
土曜11:30〜24:00／日曜・祝日11:30〜23:00
無休（年末年始を除く）

11 博多明太子・いわしめんたい（福岡市）

博多の食と文化の博物館 ハクハク ➲ P98
福岡市東区社領2-14-28
TEL 092-621-8989
10:00〜17:00（入館〜16:30）
火曜休（祝日の場合は翌日）
入館料／大人300円

ふくや 中洲本店 ➲ P98
福岡市博多区中洲2-6-10
TEL 092-261-2981
8:30〜24:00（日曜・祝日9:00〜19:00）
無休（1月1日〜3日を除く）

ひょうたん寿司 ➲ P98
福岡市中央区天神2-10-20
TEL 092-722-0010
11:30〜OS14:30／17:00〜OS21:00
無休

12 ごぼう天うどん（福岡市）

因幡うどん 渡辺通店 ➲ P108
福岡市中央区渡辺通2-3-1
TEL 092-711-0708
10:00〜23:00（土・日曜・祝日〜20:00）
無休（1月1日・2日を除く）

13 水炊き（福岡市）

元祖博多水たき 水月 ➲ P114
福岡市中央区平尾3-16-14
TEL 092-531-0031
17:00〜OS20:30
月曜休（祝日の時は火曜休み）

14 久留米焼鳥（久留米市）

串焼 ほたる川 ➲ P120
久留米市蛍川町1-8
TEL 0942-32-7400
17:30〜OS23:30
日曜休

あとがきにかえて

２０１９年に刊行した『九州の味とともに 宮崎』に続き、『九州の味とともに福岡』がついに完成いたしました。私たちが本書のタイトルにもなったプロジェクトをスタートさせたのは、２００６年のこと。〝焼酎文化は食文化の基にありき〟という考えのもと、九州・沖縄各地の伝統料理や郷土料理、そして家庭料理を探求する旅を続けながら、その活動の記録をテレビやラジオＣＭ、そしてウェブサイトなどを通じて紹介してまいりました。

本書『九州の味とともに』は、私たちが各地で学んできた食材、文化、風土にまつわる知識と情報を生かしながら、郷土を愛し、食を育む人たちにフォーカスした新しいカタチのガイドブックです。

九州の食文化に貢献し、これからも受け継いでいくために。本書を通じて、人と風土が醸す食の多様性を知っていただくとともに、福岡を旅する人が増えたなら、こんなにもうれしいことはありません。最後に本書の刊行に際し、御協力いただいた方々に心より感謝し、この場を借りて御礼申し上げます。

２０２０年３月　霧島酒造株式会社

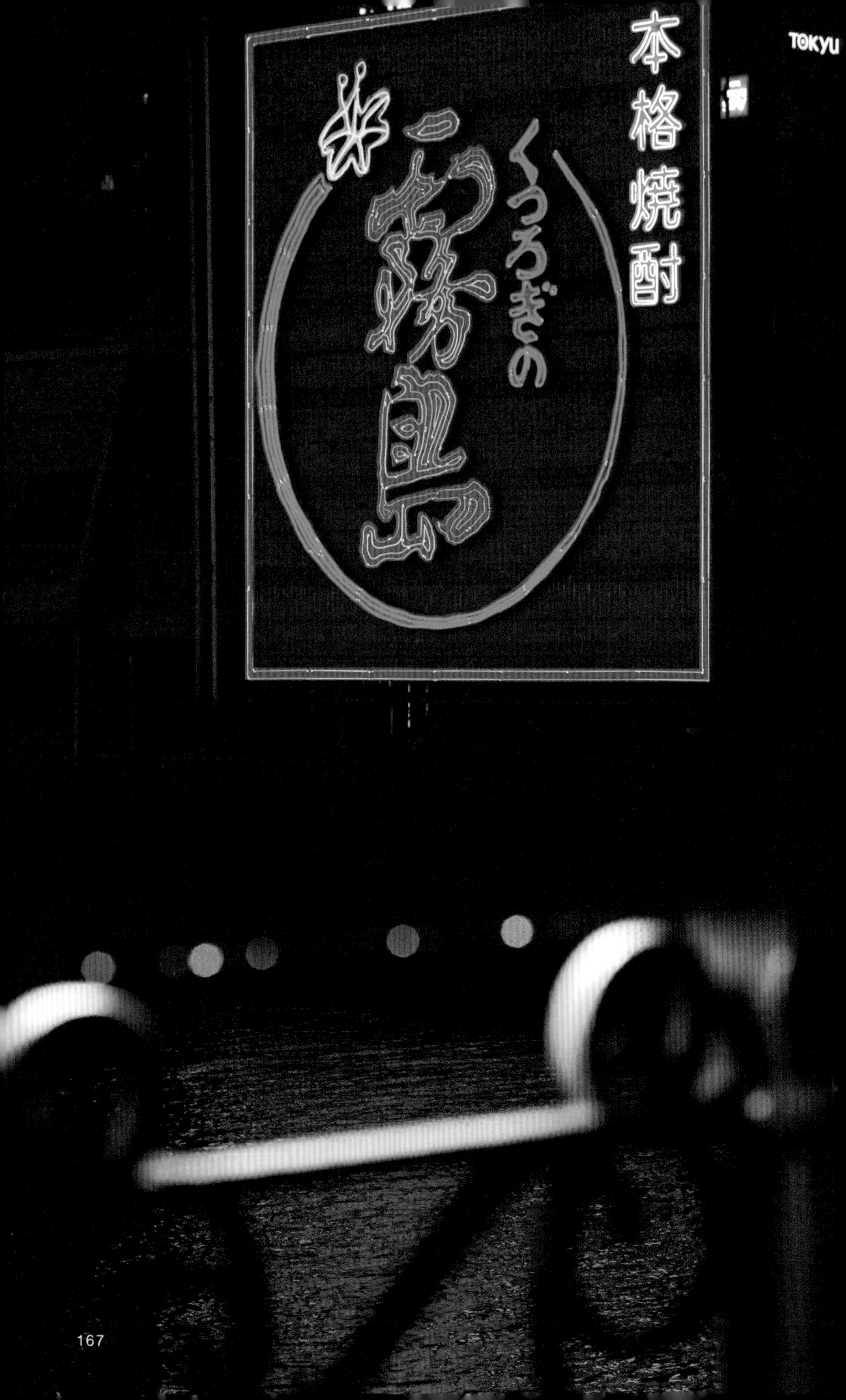
本格焼酎
くろぎの
霧島
TOKYU

九州の味とともに　福岡

初版発行 2020年3月27日

監修　霧島酒造株式会社
https://www.kirishima.co.jp

執筆　清水義孝
写真　阿部 健
イラスト　三宅瑠人
装幀・ブックデザイン　中村圭介
樋口万里
藤田佳奈
鈴木茉弓
（ナカムラグラフ）
編集・コーディネーション　田中隆三
編集・ディレクション　柴田隆寛（Kichi）

発行人　近藤正司
発行所　株式会社スペースシャワーネットワーク
東京都港区六本木3-16-35 イースト六本木ビル
TEL 03-3585-3262　FAX 03-3585-3209
https://books.spaceshower.jp
制作担当　田口隆史郎

発売　株式会社トゥーヴァージンズ
東京都千代田区九段北4-1-3
TEL 03-5212-7442　FAX 03-5212-7889

印刷・製本　株式会社八紘美術

ISBN 978-4-908406-58-4

掲載の情報は取材時のものです。掲載メニュー及びその定価は、
2020年3月時点での税抜き価格を表示しています。

九州の味とともに webサイト
https://www.kirishima.co.jp/aji

New Quality Wave
KIRISHIMA
CORPORATION

飲酒は20歳から。飲酒運転は、法律で禁じられています。
飲酒は適量を。妊娠中や授乳期の飲酒はお控えください。